好好生活

慢慢相遇

30歲，想把溫柔留給自己

黃　山料

suncolor
三采文化

唯有和心裡那個受傷的自己和解，
　　人生才能開始新的起點——
　　有力氣去追求自己真正想要的。

目
錄

01

30歲，
我只要一個
最舒服的自己。

一年一眨眼就過了
朝 30 歲又前進一步。
發現 20 幾歲的日子
好像總在透過短時間的不舒服
想換得未來的幸福。

那些犧牲，我曾以為是聰明的選擇。

當我犧牲生活，換一份穩定工作；
犧牲自我，成全愛情；
犧牲青春，換一個「不後悔的 30 歲」。

我曾以為拚命犧牲自己會換來想要的，
卻發現即使換到了，自己也早已失去自己了。

25 歲，喜歡交朋友，朋友多到記不得名字，我深怕獨處。
30 歲，發現朋友其實很少，而我卻不再因孤單而焦慮不安。

25 歲，週末都是認識新朋友的飯局。
30 歲，我只想待在真正令我舒服的人身邊。

25 歲，愛上一個不愛自己的人，我會繼續執著。
30 歲，不愛我就拉倒。

25 歲，相信等待會換來對方一點憐愛。
30 歲，即使單身，也不想將就一份卑微的愛情。

25 歲，若深愛一個人，對方比自己還重要。

30 歲，期許你我都能愛自己多一點，我們互相扶持，但深知，更該優先照顧的，是自己。

25 歲，愛情或工作裡，多少得承受一些委屈。

30 歲，願自己多了一份選擇權，若該放手，果斷放手。

25 歲，誰要是委屈了我，我會心中忿忿不平。

30 歲，不再為不值得的人事物，費時間、費心力。那些令人不舒服的人，劃清界線就好了。人終究都會為自己的行為負責，而他人的負能量，與我無關。

25 歲，那些傷害我的，我必加倍奉還。

30 歲，我相信世界是善意的，願我也總是善良的。

25 歲，對別人的行為不滿意，容易生氣。

30 歲，不再讓別人的過錯，懲罰到自己身上。

25 歲，我告訴自己辛苦一點沒關係，我會換得未來的收穫。
30 歲，我只想現在立刻舒服。

25 歲的迷惘，在 30 歲前一一解開了；而 30 歲又有了新的迷惘，卻不再拚命想找到解答，而是學習與迷惘和平共處，理解迷惘只是一種人生的常態。

25 歲相信自己很真，覺得別人複雜，覺得很多事不公平，對社會有點敵意。而 30 歲，我依然相信自己值得被溫柔對待，也願意先把善意拿出來，學習溫柔對待世界。

25 歲和 30 歲，最大的差別，大概是你不再要求自己完美，知道自己不適合什麼，知道該放棄什麼；明白有些努力，適度就好，不再為了別人累到自己。

不再追求某個身外之物，而累得要死要活。
有些辛苦，真的不必承受。

30 歲，
我只要一個最舒服的自己。

02

世上沒人能天長地久。

什麼是孤獨？

孤獨是在一群朋友裡寂寞
是笑臉背後有無法言說的疲憊與難受
是身邊睡著一個人你卻與他無話可說。
是你拚命和他人訴說自己
卻始終沒有人懂你。

把自己的真心、不堪的過去、心裡的結、負面的情緒，掏出來給別人看，不是舒服的事情，因為沒人能理解百分百的自己。

　　他們理解了百分之四十，以淺薄的認識，定義了你，接著衍生出同情、誤解、輕視、悲憫、指責。

　　此刻，你更寂寞了。

　　/ / /

　　台北市信義區是整座台灣最繁華的地區，有最精緻的商業區，最奢侈的豪宅，最高的台北一○一，世俗認定裡最好的生活。要在台北生活，好，那我們拚了命也得住上這裡。與同樣離鄉背井的朋友，我們在市中心散步了五個小時，看見寬敞之巷道、宏偉之挑高，追求質感而非譁眾取寵之建築設計，棟與棟之間的綠樹林蔭遼闊，大面積的落地窗，像在炫耀私生活。

　　這五個小時的散步裡，他告訴我，其實他離開家鄉，來到台北以後，總是非常寂寞。即使在學校交了朋友，早

上上課，下午打工，晚上夜遊，填滿每一天，也無法填補他心中的空虛。即使他有喜歡的人，與喜歡的人一起上課，他也依然感到離開家鄉後，毫無歸屬感的內心空洞。

即使身邊有個人，你也會感到寂寞？那你希望你喜歡的人如何待你？我問了身邊那位寂寞的朋友，他回答我：「沒什麼，就希望他天天纏著我，纏我說話，追問我的行蹤，問我在幹麼，問我吃飽了沒，聽我在聽的歌，要我聽他喜歡的歌，無聊就打給我，沒話說也打給我，隨便，就是拚命黏著我就行了！反正我喜歡，不會膩！」確實這是互相喜歡之人，最可愛的相處方式。

—

但開始那份「最可愛的相處方式」之前，
我們必須先打理好自己，
擁有自己想要的生活，有能力讓自己物質無虞，
能夠照顧好自己。

—

「在台北只要我們拚命十年，一定能有房子落地生根。」朋友說，那些住在大房子裡的人，也不一定都是台北人，與我們同樣來自外地的並不少。

　　五個小時的文化衝擊，我回到 5,500 元的月租小房間，他回去與室友分租的小套房，那個晚上，我們都在心中埋進了一份理想：我們相信，只要拚命工作十年，我們都可以擁有自己的家。我們想住進我們最嚮往的市中心，我們誓言要做到，我們想生活得更好。我們的迷思，是再辛苦也要住在台北信義區，這裡是我的夢想啊，我喜歡這座城市啊，喜歡這裡的方便，喜歡這裡的舒適，喜歡這裡的自由與商業活絡。好像不論你是什麼形狀，總能在這塊文化多元的土地上，找到能容納自己的一個家。

　　後來的台北，在不停埋頭工作的日子裡轉瞬就過，犧牲的是自由，放棄的是親人與摯友，失去的，是身上的味道──我不再像是從外地來的孩子。回家鄉的次數少了，與父母的親密淡了。

　　我們不再在意自己的出生地，某幾次到外地出差時，

當被問及：「你來自哪裡？」曾經的回答是：「我是金門人（或台南人、花蓮人）。」忘了從哪一天開始，我們只回答「從台北來」，而不再以家鄉作為自己的代名詞。

擁有的是回憶之空白，情感之空窗，複雜的情緒從未真正釐清消化，與自我認同的放爛和逃避；只要向外追求就好，那些內在的探索，不重要。可幸好，在事業上的努力經常不會辜負自己，你的犧牲總能換得什麼，而我換到的，是一份還可以的收入——買不起台北的房子，但再也餓不死。

三年前，我終於搬離了工業區，告別天天騎摩托車一小時，塞在車陣裡呼吸廢氣的日子，搬進了台北市信義區——台北房價最貴的地段。終究是買不起房子，於是我租了一份生活。

那年與工業區的鄰居們挨家挨戶道別，鵝肉店老闆，再見。豆花店阿姨，不要難過啦。雞排店大叔，謝謝你的照顧。綠豆湯小哥，我會記得你。寫了卡片道別，我說我

不會再回來，絕對不回。我離夢想更近了，你們要恭喜我呀，不必捨不得。謝謝你們，那些疲憊的日子，謝謝有你們，那一顆偷偷送我的滷蛋，那一碗硬是不收錢的豆花，那一杯深夜幫我留的綠豆湯，都讓我離鄉背井孤身奮鬥的日子裡，能再多勇敢一點點。

　　離開工業區的那一個搬家日，搬家工人扛起我的行李，他說我的行李是他見過最少的，他不好意思收完整的費用，私下打了九折。我說常常搬家的人會知道，其實自己沒有資格擁有。在台北生活將近八年，我已經搬家十三次了，我盡量不購物，並不是負擔不起物品的價格，而是負擔不起帶著它們四處搬家。於是我讓自己崇尚極簡的生活模式，並不是我樂意，而是我必須。

　　在台北漂泊的日子，負擔不起的，不是吃的穿的用的，而是當你買下它們，下一次搬家，你不一定有能力帶著它們一起。比起房租漲價，更讓人害怕的是房東突然不租給你，你得帶著一堆行李不停搬家，像是永遠無法扎根下來。

小貨車載著我的行囊，流汗的工人與我，貨車副駕駛座看見的風景很清晰，我看見自己離工業區越來越遠，我說我不會再回來了，我會找到我嚮往的生活。再見，工業區。更好的生活，我離你更靠近了。

　　誰也不知道，這條名叫更好的生活之路，是好或壞？沒有親自確認過，我總不妄下定論，我得親身試過。

—

後來的日子，真的比較好嗎？
其實至今無法定義。
只知道，
租來的生活，終究是租來的。

—

　　為了付房租，我必須花上大多數的薪水，省去不必要的開銷，同一件外套穿一整個冬天，娛樂活動不配擁有，控制每天的餐費，來餵養我嚮往的「好好生活」。這戶房

子有四公尺高的落地窗，室內挑高樓中樓，一層是看電視追劇的空間，二層是床和盆栽。雙面 L 型採光，每天早晨六點半，太陽曬上我的枕頭，植物向光生長。早晨醒來第一眼見到的是台北一〇一，它傍晚的燈光秀讓我見識台北的繁華。我的浴室露天，我曬著太陽洗澡，我在淋浴時能眺望一座城市。我從高樓望向附近矮房，家家戶戶亮了燈，暖黃光，冷白光，三代同堂或情侶相依偎，各種家庭，各種生活，看著，我感覺離台北很近。好像一個瞬間，我差一點成為台北人，差一點就能擁有歸屬感，差一點從此被這座城市接納。

可我才知道，原來最好的生活，並不適合每一個人。

為了負擔昂貴的房租，擁有不那麼寒酸的居住環境，得拚命撐起自己的薪水行情。然而刻意撐起的日子，不會長久，最終只剩我自己，一個人堅持著最初對美好生活的想像。朋友們打消了定居台北的念頭，同樣的支出，在郊區有更寬敞的生活空間，更人性化的生活模式，更輕鬆的

財務標準。

　　台北的套房價格，空間小如地鐵站裡的公共廁所，至少價值 1,000 萬台幣；想要一個真正像家的房型，至少 3,000 萬台幣才夠一家三口居住。而我買不起，至少暫時租了一種生活。

　　不斷賺錢支付高額房租的輪迴裡，我似乎永遠無法與這座城市和平共處，每當房東一聲令下，我就得離開我的「家」。我以為的家，這戶條件極高的房子，我添購了家具，設計了滿足我美好生活幻想的一切，以為就能離家的夢想更近，卻發現自己太心急。我急著租了一個美好的幻想，體驗著家的錯覺。

　　台北房東的殘酷，是每年漲一次房租，每年得搬家一次。當租約到期，房東開口將租金漲為原先之兩倍。我才明白，這一切都不屬於我。即使都屬於我，也只是一份物質，我的家人在哪裡？哪裡才是我的家？我好想逃，逃離這座苦撐十年卻從未真正有所歸屬的都市。當我意識到生活的主控權並不在我手中，當我驚覺自己成為房租的奴

隸，為了供養房東貪婪的胃，我的犧牲沒有止境，失去選
擇權地拚命工作。而最終，我看似擁有的，皆是別人的。
當他不樂意給我時，我的美好生活，瞬間被剝奪。

—

30歲，你會發現那個22歲新鮮的自己已經死了，
死在拚命賺錢卻存不了錢的日子裡；
死在認清25歲的夢想，有百分之九十九無法實現的那一刻；
死在錯把同事當作朋友，才發現職場不過是因利益而相聚；
死在花了九成時間工作，某天驚覺摯愛與親人瞬間老去……

—

03

一邊努力，一邊快樂過日子。

成功真該是換來的嗎？
付出的時候，為何總是痛苦的？
為何努力總會變成一種犧牲？

為何我們不能一邊努力一邊快樂過日子？

如果你不知道自己在努力什麼，到台北賺 3 萬元的薪水，不如回家鄉的便利商店打工。能存些錢，省下房租，過舒服一點的生活。

　　在台北我們都想要賭一個比家鄉更好的未來。犧牲短期的爽快，換未來一份幸福的可能；勇於承擔一時痛苦，才是人生裡最有遠見的選擇。

　　這座城市裡，月薪 5 萬以上是被認可的、被羨慕的。

　　然而，若要住上有尊嚴的房子，房租的基本開支大約 2 萬元跑不掉。你不會想要庸庸碌碌十年日子以後，還住在沒有電梯的老公寓，或跟別人共用廁所吧？

—

所以必須節省，每個月省吃儉用，
也省掉了自己的快樂。
可往往走過了才知道，賭贏的是少數，
真正掙來世俗成功的人，也都已經失去自己了。

—

我想問自己的是——成功真該是換來的嗎？付出的時候，為何總是痛苦的？為何努力總會變成一種犧牲？為何我們不能一邊努力一邊快樂過日子？

　　當一個人努力符合制度要你成為的樣子，
　　在那個當下，我們就失去自己了。
　　用犧牲自己而換來的東西，
　　我要畫上一個問號⋯⋯
　　你都沒有了自己，還要那成功做什麼？

　　記得某一次，同樣住在我拚命賺錢租來的漂亮房子裡，我與另一半因為價值觀不同而爭執，他言語裡的刺是：「你這個空殼，你只會工作，你除了比我有錢之外你心裡什麼都沒有！你跟你爸媽保持距離，就是不孝。你獨來獨往，就是悲哀。你創業卻失去生活，你超可笑！你覺得你對我的情緒冷處理，你就比較高級嗎？你只是空殼而已！」

那個凌晨，我躺在床上，一直掉眼淚，和「哭」不同，是躺著，空洞而無情緒的望向天花板，眼淚不斷從眼角滑落。我發現眼淚一直流，卻不清楚這些眼淚是什麼意思。

　　很久以後，我才知道，我掉眼淚是因為我感覺離家很遠。是因為我把最真實的自己獻給一個懂我的人，才發現他一點也不懂我。對他說了許多，卻越說誤會越多，認識越久，價值觀的軌道相互偏離越遠。

——

我掉眼淚，
是因為我住在一個「家」，
這個家卻沒有歸屬感。

——

　　原來和一個不懂自己的人說心事，是這麼孤單的感受。原來跟一個不懂自己的人以愛之名住在同一個屋簷下，比單身更寂寞。原來即使有房子住，若是流於形式，

離家很遠的感受依然會越來越強烈。

　　只要離開了孕育你前半生的家鄉，到哪裡都是異鄉人了。家的定義是什麼？是否要有另一半，對於家的感受，才能擁有歸屬感？那種知道有個人在等你回家的感覺，好像哪裡都能是家了？

　　家是什麼？有人認為是物質，是高級的房子，是市中心的豪宅，是郊區的別墅，是物質上的安全感。也有人對家的要求不高，只要能遮風避雨能睡覺，就是家。

　　也有人認為是有父母在的地方，有兄弟姊妹，有朋友的地方。也有人認為，有最珍貴童年回憶的地方就是家。有人認為心的歸屬之處，就是家。

　　有人告訴過我，世界各地都可以是他的家，只要另一半與他在一起，哪裡都可以是他們的家。只要有愛的那個他，他在的地方，就是家。

　　也有人認為只要是自己願意待的地方，就可以是家。

　　自己擁有自己的全部，自己就是自己的家。

怎麼樣才能讓你感受到家？

對我而言，家的定義有一條必須是：
「家，要有一位懂我的另一半。」
那位懂你的人，只要你願意敞開心，你總會遇見，不論屆時幾歲了，他一定會把此生遲到的愛全都彌補給你，他會非常疼愛你，只疼愛你。
你一定會遇到對你非常溫柔的另一半，他願意陪你過日子，願意與你說很多話，願意聽你說話，願意伴你做許多事，走一條只屬於你們倆的幸福之路。

04

山料聊聊
vs.
阿翰

終究，
我們將學會
不再勉強自己。

如果你付出時，覺得痛苦
你就會一直在等待回報。
等不到回報，痛苦會乘以痛苦
並遷怒於無法回報你的對象。

如果你犧牲自己
能因付出而感到滿足
你便不會透過犧牲換取你想要的
而無意間施壓於他人。
那麼，犧牲的當下，你就擁有幸福。

工作和愛情，若要擇一，你選哪個？

選擇哪一個，人才會比較快樂？

有多少人把自我實踐擺在第一順位而忽視愛人需求，直到錯過，直到自己成為最孤獨的成功者，卻早已不是那個最初的自己。在追到夢想之前，「最初的自己」已經先死了。

「物質的需求，對我而言沒有吸引力，好的房子、車子、奢侈品，都不重要，重要的是我能拍影片作品，還有……談戀愛。」這段話從知名影像創作者阿翰的口中說出。他認為，擁有愛情和能做喜歡的工作是首要。賺錢的目的，是為了延續自己的興趣。而他是少數在追求夢想之路上，「最初的自己」沒有死亡的那一個人。

當他的影片有了上千萬人次觀看，他成為走在路上，會被頻頻要求合照的人物。他也總是謙虛地遇見粉絲就問好、表示感謝、鞠躬，深怕自己不小心忽視了路上任何一個想與他攀談的眼光，即使自己根本對社交沒自信、感到

懼怕，他也體貼每位靠近他的觀眾。

　　成為明星以後，依然租著舊舊的小套房，依然期待著喜歡的人能騎著摩托車來載他回家，依然到古董服飾店蒐集二手服飾，依然嚮往台北這座繁忙的夢想之城，終能碰上一段王子配公主的熱戀。

　　而每每親見他愛情裡的糾結與創作上的熱情，我都十分羨慕。畢竟，大多數的我們，往往在「賺錢求生存」和「享受生活」兩者間不斷拉扯，直到錢越賺越多，責任越扛越大，擁有的越多，犧牲的越多。生活好起來了，理想卻經常被犧牲了。

　　高薪並不代表擁有幸福，若為了滿足生存的條件，卻讓自己活得失去靈魂，值得嗎？我們必須探討：「追求財富」和「平凡知足」之間，自己真正想要的是什麼？

　　／／／

　　我有一位「月薪 25 萬台幣」的鄰居，在外商公司工作，

31 歲，管理職。那次和優秀鄰居聊天，討論在台北月收入
25 萬元的人，在過什麼樣的生活？我們認為，月薪 25 萬
元和月薪 3 萬元之間，除了社會階層不同之外，大多數煩
惱是依然相同的。

　　一樣存錢並嫌錢不夠用，一樣厭煩那份當初嚮往的工
作，一樣有老闆的壓力，一樣有受制於人的時候，一樣經
常感到不自由，一樣曾想丟下一切凡塵俗事獨自躲起來。

　　他同樣得面對工作的乏味、對職場的種種不耐煩。

　　關於「月薪 25 萬元在台北的奢侈」，我們聊到他以外
的其他高薪網友在論壇上的看法，他們認為從當年的 3 萬
元月薪到 25 萬元月薪，最引以為傲的奢侈如下：

1. 喝星巴克 150 元不眨眼，對「買一送一」沒感覺。

2. 出門只搭計程車，忘記捷運怎麼搭。

3. 吃 Uber Eats 一個人一次就點 500 元。

4. 懶得做家事就請打掃阿姨。

5. 去吃到飽餐廳時，再也不用刻意前一餐不吃。

6. 麥當勞薯條加大，只吃一半就丟掉。

7. 搭計程車找零錢時，10 元硬幣掉到地上不用撿。

　　有錢為什麼爽？因為你再也不必為了台北的高花費感到壓力，不再為了生存而戰戰兢兢，不怕繳不出下個月房租，想吃就吃不用省，想浪費就浪費。

**　　這些因高薪而擁有的奢侈與浪費，**
**　　只能稱得上「舒服」，**
**　　卻無法讓人感受精神靈魂層次的「快樂」。**

　　出社會三、五年以後，人通常會有一種「被困住的感覺」，被職場困住、被主管老闆、被人際關係、被目標、被自己困住。
　　好像你只是在追求，而非享受。
　　好像你再也無法喜歡自己曾經熱愛的事情。
　　好像最初的熱情被熄滅。
　　好像要不是需要這份薪水，我才不想待下去。

當你剛出社會時，你可能夢想將在某個專業領域拚命二十年；當你 40 歲，可以有月薪 25 萬。但你沒料到的是，在台北生活，25 萬月薪和 3 萬月薪，除了世俗定義的階級差別之外，「對於快樂與否的感受度」差別其實不大。

　　我常問自己，上一次「真正感到快樂」是什麼時候？這個問題的答案，對我而言，從來不是賺到錢的時候，錢能換來的快樂都短暫，錢是滿足生活的必需品，它很重要，卻不是讓你快樂的真正原因。我的快樂是：上一次和朋友家人，一起在家慶生吹蠟燭的時候；上一次熬夜三天沒睡只為寫出一篇書稿的時候；上一次和喜歡的人牽手在台北散步六個鐘頭的時候。

　　這些都不是錢帶給我的，也與奢侈完全無關，
　　而我卻在生命中，花了大量時間在工作和賺錢。

　　人無法為錢而活，錢只是過程，是讓你快樂的其中一個媒介。若你從未探索自己真正快樂的理由，若你只有高

薪，你能擁有的只有無止境的浪費，卻從來不曾知道，自己熱愛的是什麼。這就是那些為了喜歡的事情會義無反顧的人，他們總是令人羨慕的理由。不是他們奢侈，而是他們知道自己的快樂。

賺錢很重要，月薪 3 萬或 25 萬之間，賺錢並不一定等於正確的路；收入較低，也不一定擁有幸福。真正的幸福，只有自己知道。但有一天我們必須為自己爭取一份選擇權——「用痛苦換來的錢，我不賺。」

—

人生最爽的不是賺許多錢，
而是賺剛剛好的錢，活出熱愛的生活；
能做自己喜歡的事而無後顧之憂時，
才是真正的奢侈。

—

長大之後真的不想太忙，想要有時間和喜歡的人聊天，想要醞釀心情做自己喜歡的事，想要好好只為心愛的人付出，想要賺剛剛好的錢，想要做不勉強的工作，也不再勉強別人。

　　賺大錢的機會、成龍成鳳的捷徑，所謂升官發財，那些都是別人的事。他人的欲望與痛苦，他人各自承擔，他人的渴求與掠奪，他人對我的期許，都與我無關。

　　與我有關的，
　　只有先照顧好自己，然後好好愛你。
　　珍惜身邊的人，疼愛被窩裡的貓，
　　做能讓我們一生惦記的事，
　　活一份相互關愛的生活。

　　從此，我才擁有一個時刻，真正喜歡自己。我願時光停留，一直待在這個狀態，生命再也沒有惡意與執念。

　　學會好好生活，走在緣分的人海裡，慢慢相遇。

05

我不擁有你，
只擁有我們
真心相待過的痕跡。

若曾把一個人放進自己心裡
後來分開，或選擇不聯絡。
兩人之間，總有一種關於愛的紀念。
不是你送的昂貴禮物，不是我們的對錶對戒
而是你在我身上帶來的改變。

這些改變，都是真心相待的證明
而我帶著你的痕跡，繼續好好生活
──謝謝你，我成為更好的自己。

從小不被疼愛的人，常常養成一個壞習慣，每當感到不安時，會用離開、分手來試探，希望對方能接住自己的不安全感。而透過這樣的測試，心裡期望得到的答案會是：「我愛你，別走。」

但對愛沒有自信、對自己沒把握、對關係不信任的人，獲得的答案永遠都是「對方也被逼走了」。不斷做確認，戰戰兢兢，不安的心無法笑容滿面地去愛；而不管對方多愛你，那份愛總有一天會被消耗殆盡。

曾聽過一位受訪者在《山料聊聊》中提到：「世界上沒有真愛，只有比較多包容、比較少磨合的另一半。」我頓時驚覺，那份包容確實亟需智慧來磨合，而非有愛就能解決一切。

我曾以為，最奢侈的愛情可以很簡單，就是睡前有一杯體貼的溫水，回到家有溫暖的擁抱，餓了有人替你買消夜陪你吃飯，哭了有人安慰你，說一句不要怕有我在。但這根本把愛情給賤賣了。

愛情不是一句哄你的好聽話，不只是一個溫暖擁抱，這些體貼，都只是外在形式而已。

愛情走到 30 歲以後，會發現真正珍貴的相處，是在關係中有穩定的情緒、兩人遇上難題時臨危不亂、做事有章法、生活能安定、性格善良、知世故而不世故，以及那些裝在腦袋裡，經年累月淬鍊出來的智慧。

人會老，臉會皺，身材會走樣，年輕的鮮肉一年又一年長大成人，源源不絕地供應市場。漂亮的、帥氣的、有型的，好看的外型總有更好看的，但腦子不一樣，使用越久，越彰顯其價值。

—

腦子裡的智慧、心中的善念與道德，
培育成本極高，
這些才是你在愛情與擇偶市場裡最強大的優勢。

—

真愛才不是日常裡的小浪漫，不是遇到一點挫折哭哭啼啼，不是一個男人拯救你的全世界。真愛是互相成為彼此人生的戰友，共同面對生命的難題。既富有策略性思考，也能真誠相待的另一半，才有本事一起經營我們的未來。

如果要一個做菜洗衣服接送孩子的，拜託找個傭人。
如果要一個哭了哄你，氣了逗你的，就花錢請保姆。

若把上述文字傳給愛鬧脾氣的另一半，他會已讀不回，冷戰三天，或大吵一架，那你也大概知道他的層次在哪裡了。

——

大多時候，
深愛一個人、分手或白頭偕老、走不走得下去，
只在於你願不願意陪他面對他人生的課題而已。

——

陪伴一個人長大，大多會是一段不舒服的過程。有無數的摩擦會逼得兩人由愛生恨。經歷那些因愛而生的剝奪，大多數最初相愛的兩人，也不再那麼愛了。

　　這就是為什麼，真正值得我們愛的，都是那些已經整理好自己的人。他們知道自己是自己的責任，自己的憂鬱、悲傷、不安、不被愛的感受、痛苦等，都只是自己的課題而已。

　　知道愛一個人，就要讓他遇上你以後是好上加好，而不是把自己心中的垃圾胡亂丟給對方，拖累對方。

　　這個時候，愛情才是成熟的。

　　常常我們在被拋棄的時候，會覺得別人配不上我們，拚命說服自己其實很好，只是尚未遇到對的人。

—

但在對的人出現以前，
你也成為值得他人託付的「對的人」了嗎？

—

當那位對的人出現時，我會擔心自己是否配不上他？是否自己尚未把自己整理好？是否會把自己的課題變成他人的困擾？這個時候，我們意識到，愛，是需要被尊重的，絕對不要胡亂從對方身上掠奪一番，傷了對方，自己也什麼都得不到。

　　你必須願意「優先對自己好一輩子」。

　　懂得照料好自己心中的黑暗，而不讓自己以愛之名恣意傷人時，我們才有機會，成為對的人眼裡的對的人。

　　因為真正的幸福，唯有整理好曾經悲傷的過去，丟掉心裡的垃圾，開始相信自己的好，珍惜自己的價值，知道自己活著很有意義，懂得愛人，也才值得被愛。

　　我也說不上為什麼，
　　愛情與緣分之間，總有一個相遇的理由，
　　分手與無緣之間，總有一道真心相待過的痕跡。

　　若無法釋懷過往的悲傷，當自己心裡堆滿垃圾，遇見的都會是垃圾。你只想有人呵護你的傷口，而不是給予對

方一個完整的自己，這對他人不公平。你若真心愛一個人，又怎會捨得讓他承擔你正在承擔的痛苦呢？

在相遇以前，那些錯過了的關係，錯付了的關係，都必須被釋懷、被整理，成為生命裡某道有意義的痕跡。你不再對傷痛執念，才能對下一段緣分公平。

我是這樣相信的：

當心中堅定而有信念時，終將遇見同樣堅定的愛情。真愛不會拯救你，只有自己才能拯救自己。

06

山料聊聊
vs.
光良

談戀愛不是欲望，

愛的目的是

要陪伴彼此到老。

以前總抱持著愛上了就要走一輩子的念頭
即使沒說出口
也默默朝相伴一生的方向前行。
長大以後，發現喜歡一個人很簡單
但愛淡了也很容易。
遇上一段怦然的緣分不難
延續那份悸動才難。

成年人需要的愛情
大概是淡淡地欣賞、深深地理解
日常裡的珍惜
與一份膩在一起相安無事、平靜的生活。

離家至今第十年，曾以為孤獨感終有一日會令我愛上，直至今日，我才明白：孤獨不會令人愉快，卻是可以練習的，雖然我無法喜歡孤獨，卻能學會「變得麻木」。這份麻木可以持續很久，直到脆弱再次被人溫暖擁抱以後，回頭看才發現自己有多逞強，勉強撐著一份孤獨，在人生這條路又多走了幾步。

　　習慣孤獨的人，都有一種通病，無法快速進入一段關係，也不輕易讓人走進心裡。在不熟識的人眼裡，他們神祕、獨立、自私、難以接近。可再進一步熟悉你才能察覺，再孤獨的人，也有一份熱情藏在心裡，卻從不輕易示人。當你有幸親見那份熱情時，你所獲得的，是他將給予你的全世界。

　　「黃山料，你孤僻又不愛社交，不喜歡參加聚會，這麼宅、這麼孤獨的你，再過些日子就要 30 歲，能想像自己單身到 50 歲嗎？」當朋友貼上這些標籤時，細算，是我單身的第八百八十六天，兩年多一點。

　　記得那次錄影，遇到一個單身比我久的男人，光良，他今年 50 歲。第三次開會時，我問了一句話：「你單身多

久了？」經紀人在後面笑翻，工作人員肯定心裡想著：「這個小孩是白目還是勇敢？竟敢問這種問題！」

是否真的單身太久？久到成為一團沒人敢觸碰的謎？

他曾以為自己 25 歲會結婚，卻到 50 歲依然單身。關於單身的理由，光良說了一句話：「談戀愛不是欲望，愛的目的是要陪伴彼此到老。」他覺得愛是慎重的、永遠的。決定了，就是一輩子的事情。

他把責任看得比欲望重要，所以不輕易進入愛情。沒有愛情沒關係，至少不辜負人，也對得起自己。但他依然是相信愛情的。他慎重補充。

現代人的愛情，一切都太輕而易舉，不適合就分開、再找就有真愛、吵架不爽就結束了斷。但他印象裡的愛情卻不是這樣，兩個人相愛後，「分手、離婚」不會是一個選項。**每一次爭吵，都是為了繼續走下去；或是不傷人的吵吵鬧鬧已經是彼此熟悉的相處模式。**

要找到活在現代卻愛得老派的另一半，太困難。

我告訴他，等愛的過程，多活的每一天都是孤獨：「我的雙人床上有八顆枕頭，讓我每一次翻身都有東西抱。或是空著大床不睡，去睡沙發，狹窄一點，比較不寂寞。每天回家的第一件事，是把室內的燈全部打開，亮一點，也熱鬧一點。音響放音樂、電視打開，不是想看，是需要聲音填滿太靜默的租屋處。」

光良的愛情觀裡，沒遇到愛情，真的沒關係。因為幸福不一定是愛情，是你有自由、有能力，自己決定自己的人生，不被拘束。

對光良而言更深刻的或許是：「愛情並不是人生的全部，此刻在身邊的人才是。」重要的情感關係，並不侷限於愛情的形式：相伴一生的親人、靈魂牽絆的摯友、共患難的工作夥伴、最疼愛的寵物，在他們離開世界前，把握相處的日子，一起創造此生之意義，直到此生完結，我們

將回頭望向共同經歷的種種，是值得的，便足夠。

愛情並非人生的全部，但愛情非常重要。

許多牽絆一生的情感關係，起初，萌芽時，都根基於愛，進而衍生成相伴一生的親密關係。

我必須思考：「人活到 30 歲，到底嚮往什麼樣的愛情？」小時候，你可能因為誰好看、誰有才華而單純喜歡上他。但 30 歲，人變聰明了，這樣的單純已經不可能了。

30 歲的愛情觀，常因為條件不合，無法單純基於「喜歡」而成為伴侶。長大以後，考慮得多，就難再因為「感覺對了」，純粹和誰步入一段「有承諾」的關係。

因為你知道，承諾是有重量的。長大以後，我們談戀愛不是靠感覺，而是務實的。喜歡一個人很容易，說出承諾，很難。

在成長的過程中，

有多少段感情，是因為膩了、沒感覺了而分手？

有多少分離，是人生的路不同，不得已而分道揚鑣？

有多少次的選擇，是你認為無法一加一大於二，所以選擇放棄？

有多久了，距離上一次純粹談感情不求物質條件？

如果要給 30 歲的自己忠告，我會說：

千萬不要因為務實，而錯過一段感情；

也千萬不要因為感覺對了，就輕易進入一段關係。

因為沒有物質條件的愛情，最終都會破碎。

一起貧賤的愛情，很高尚，但不會發生在我身上。

我認為當人越接近 30 歲，心中理想的愛情會是：兩個人各自把自己照顧好，各自經濟獨立、思想獨立、情感獨立，完整的人有了餘力，才能照顧彼此，遇上困難互拉一把。一起越來越好的愛情，才是我要的。

我曾經被誰逼著「給承諾」；被勒索著說出「我愛你」。

當男人說不出口，是真的還沒準備好。承諾的重量來自於物質，因為房貸、薪水、收入，不得不顧著思考未來，而捨棄享受當下。

　　青春時我以為，不在乎金錢的愛，才是純粹的愛；即將 30 歲的我，認為人唯有在擁有獨立的經濟條件後，才能夠擁有純粹的愛情。

　　更多時候，單身的人，只是不想將就而已。

　　那些獨自走過的日子裡，不想將就，於是拖著拖著，年紀又大一歲了。好像更認識自己了，卻也好像離「兩個人的生活」越來越遠了。

　　我們都在等待的日子裡，越來越習慣孤獨，接受活著就是不斷排解寂寞的過程。也越來越清楚知道──做自己、活出自己、優先照顧好自己、把自己的感覺放在第一順位，這些「自己」有多重要。

　　單身的這段日子裡，遇見許多我不敢進入的關係。一

開始因為互相喜歡而成為朋友，卻無法走進愛情。一段關係的不合適，並不一定是對方不好，更多的可能是我自己根本還沒準備好。

30 歲單身，有什麼好可怕的？

你放心，人生的路還很長，沿途你還會遇見千百個對象，你可以選擇誰能進入你的生命，而誰不能。選擇權都在於你。

而且，對象多到最後你根本懶得認識他們。甚至有一天，你會覺得一個人也挺好的。你將終於把一個人的日子過明白，知道自己適合什麼樣的另一個人。那個對的人會真正出現，茫茫人海裡，你將一眼認出他來。所以，現在的你，好好生活，照顧好自己，別自己嚇自己。

單身並不可怕，可怕的是不清楚自己要什麼。

我從來不知道身邊的那一個人，是不是能走一輩子的對象；我也從來不知道喜歡什麼時候才會變成愛；我不知道「承諾」何時才敢說出口。或許這問題，我可以花上一

輩子找答案，不管身邊的人是不是一輩子，都得拚命讓自
己過上想要的生活，在物質與精神上皆達到成熟的狀態。

當未來要成家的時候，
不管身邊是誰，至少我準備好了。

07

在愛裡懂得尊重，
比深深愛著誰艱難多了。

有天我終於明白，那些曾委屈我的人
他們不是有意，他們只是天生與我不契合。
我不會再把他的人生當作我自己的功課
我不再因為承擔了他，而傷了自己。

那些苛責我的，曾刺痛我的
讓我變得脆弱的
都將堅定我的心性，而我不再委屈自己。

情緒勒索的最高級，是藉由「否定他人的存在意義」來逼迫對方；透過盛怒，壓制他人，達成自己的目的。明明相愛，卻叫對方滾；明明珍惜，卻把他嫌棄得一無是處！

　　「整個家，就你有問題！」

　　「如果你不在就好了！」

　　「別人都好好的，為什麼就你不一樣!?」

　　「你出現就很麻煩！」

　　「所有人都討厭你！問題都出在你身上！」

　　當你被最愛的人認為不存在比較好，這大概是最心痛的事。特別是上述幾句話，用嘶吼方式喊出時，言語的銳利，乘以情緒的殺傷力，或許就不小心殺死了一段感情，或殺死一個人。

　　即使我們足夠成熟，不任憑情緒殺人，卻也無法避免他人情緒勒索我們，甚至，在許多無法逃離的情境下，別無選擇，只能學習與勒索自己的人和平共處。

　　我曾經在被親人勒索的情節裡，陷入嚴重自我否定：

　　「原來我的付出，都沒有意義。」

　　「我不值得被愛，我就是很爛。」

「原來我不幸福，我是多餘的。」

「我已經非常努力了，卻總是一事無成⋯⋯」

我想過離開，遠離那些恣意傷人的事，遠離家人、愛人。但當我們連家人都可以丟掉，那不是更沉痛的自我否定嗎？

他是我最珍惜的家人呀！我總不能因為他們傷害我，就把他們丟掉吧？我無解。且狀況已嚴重到：當我聽見家人說話的聲音，我便反胃、嘔吐、心悸等。我只好把自己關起來。

當我把自己關在房間，足不出戶的第五天深夜，連續兩天未眠，我萌生想死的念頭。不過最高樓層只有四樓，跳下去大概不會死，反而活得更痛苦，於是作罷。

這時，一位非常關鍵的朋友，他聆聽我的痛苦，告訴我：「為什麼你明明這麼優秀，卻老是否定自己？有些人的成功就是努力掙來的，幸福是憑實力獲得！為什麼總說自己是運氣好？」

這並不是要大家只管稱讚自己，而是試著「客觀肯定自我價值」。我們會不會太謙虛了？總覺得自己幸運，而當運氣不好，被欺負了，幸福就會被剝奪？

　　《冒牌者症候群》這本書裡寫了一套理論：為什麼總覺得自己要很努力，才能配得上幸福，才能支撐自我存在的意義？

　　我們必須知道，無論是很努力，抑或是很廢，都有存在的意義，我們的存在，本身就值得青睞。

　　好，回到黃山料本身，即使是我生命中最重要的人，用高張力情緒逼迫我，藉由否定我、攻擊我，來達成目的，我的核心價值也不該受影響！

　　接下來有幾項功課要做：

一、不要透過得到讚美來鼓勵自己，改用「評估的角度」，衡量自我價值。

　　1. 我的家人是否愛著我？

　　　　愛！當然愛，如果我死了，家人會傷心的。並且，別人的情緒暴力，是別人的情緒控管不佳，請勿把

別人的缺點，變成自己的責任。

2. 我的存在，是否讓家人更幸福？

非常肯定是有的！包括安排拍攝全家福、記錄生活、當家人遇到麻煩時給予協助、陪伴、陪同解決問題等。這些都是我為幸福的付出，不可否認！

3. 我的出現，是否造成他人困擾？

否！與家人摩擦時，我通常選擇躲起來沉澱，整理好自己，再以和平方式溝通、解決問題。在愛裡，我從不放任情緒刺傷家人。

4. 我是否成為這個家的問題來源？

不！或許他們認為我是麻煩，但這並不正確，我存在的貢獻值遠高過於成本。我的高敏感人格曾協助解決許多紛爭，並貢獻家人更好的生活環境。

5. 我不該存在於這個家？

否！我有繳房租，理論上可以使用房間，以及這個家的公共區域。那些口出惡言或排擠我的人，是他們的人生功課沒有做好。我不能因為他們的問題，而犧牲屬於我的權利。

第一階段評估完畢。

二、請回到他們身邊，生活在同一個空間，把屬於自己的權利拿回來。

必須在自我價值評估完畢後，伸展自己、放鬆自己，盡量把自己的身軀拉伸開來，不再畏縮。要相信：「你的姿態決定你是誰！」

接著，回到原本的生活，喝你原本喝的水，坐在你有使用權的座位，走在你本該生活的空間。無視那些霸凌！

當我了解他們是怎樣的人、我是怎樣的人，我堅定我是誰、我的核心價值。即使他們再對我有任何叫罵，也無法撼動我，我不再否定我自己。

那些叫罵、不合理的指責、情緒勒索、不可理喻的發洩等，都是他們偷懶了自己的人生課題，放爛自己該修而未修的情感學分，他們的課題與我無關。

與我有關的，只有我因為愛，而為這個家付出的種種，僅此而已。

這是我努力自我提升的方向，接下來，就是個人造化了。挺直腰桿子，捍衛價值，不再被迫成為受害者，好好溝通，好好生活。千萬不要被欺負就逃，不要被攻擊就遠離紛爭，這只會縱容那些恣意傷人的人得寸進尺！而我們終將失去越來越多。

　　越是親密的關係，越有一件事需要提醒：情緒是可以殺死人的，放任情緒傷人，是不負責任的。你永遠不知道，你刺下去的那一刀，會不會碰巧是殺死愛人的關鍵一刀。

—

願我們富有感情，
但不任憑情緒傷人，進化成更好的人。

—

08

世界上一定有真愛，
但可能在死掉的前一天
才遇到。

年紀越大，要談戀愛就越難。

年紀大的，思想太複雜，愛得不純粹
年紀輕的，行為不牢靠，愛得太膚淺。
好不容易互相喜歡
才發現對方有男朋友了。
好不容易相愛了
才發現磨合起來
委屈到連自己都不認識自己了。

那天被朋友問：山料，你做過最浪漫的事情是什麼？

　　我想了很久，想起和某位前任在一起的時候，我們每次約會，相約忠孝復興捷運站。他是路痴，所以我要負責找到他。他抵達捷運站時，我從來不會問他在哪裡，我會打電話給他，跟他聊天，假裝自己還沒到。
　　然後告訴他：「你往後看。」
　　我會出現在他身後。
　　他會尖叫，
　　跑過來和我擁抱。
　　他問我，你怎麼知道我在哪裡？
　　我說：「不管你在哪裡，我都會找到你。」
　　其實我找他的方式很簡單，就是用跑的，繞捷運站一整圈，每個出口跑一遍，自然就看見他了。

　　我有過一段感情，才認識幾天，緣分就是沒有理由的，讓我們相愛了，他真的很愛我，愛到把全部的自己都交給我。當然他的全部，不一定都是美好幸福的他，也有不好

的他、恣意傷人的他、任性的他、我幾乎無法接受的他。

　　因此，兩個相愛的人，在全然真誠面對彼此的狀態下，他經常無意間不斷地傷害我。我接受他的壞習慣、包容他的瘋狂與任性，也承擔他帶給我平靜生活裡的諸多無奈。

　　生活裡的無奈，都是諸多需要磨合的小事堆疊出來。

　　平日都得工作，沒法碰面，我們約好，週末和彼此一起浪費時光；唯有和喜歡的人一起浪費，虛度掉的時間也才有了意義。清晨，睜開眼看見的是他，是最幸福的事。我打開藍牙音響，王力宏的〈第一個清晨〉是我叫他起床的歌曲。他親吻了我，說了早安。

　　不過這頓早餐吃得不那麼順利，我感冒了，身體不舒服，因此說話口氣不太好。我沒法忍著頭痛，邊看他堅持逼我看完的韓劇；我沒法在他湯灑在桌上時，擦擦他的嘴說沒關係；我沒法在 Foodpanda 外送員送餐遲到一小時的時候，維持我平時的風度。身體的不適令我沒辦法思考，也就顧不了太多。

他突然不爽了，開門，說要走，等不及我的關心，門關上了，把我一個人扔在家裡，人不見了。電話裡求他回來好好溝通，通話時間十三秒，他掛了電話。我傳了幾則不諒解的訊息：「突然跑走是怎樣？限你十五分鐘內回來喔！」我發現自己卑微了，這才冷靜下來，關了手機。若我繼續關著手機，這段剛萌芽的感情，可能就被扼殺了。被一件日常裡微不足道的小摩擦給扼殺了。

　　關係是需要雙方細心呵護的，當每一段熱戀步入日常，稍微不注意，疏於呵護，就因為一根湯匙沒洗乾淨，或因站著尿尿濺了兩滴出來，或是浴室門口腳踏墊被踢歪，或像衣服洗了忘了晾乾，而變質了。

　　單身久了，想得多了，重新進入一段關係好難。
　　單身的日子，也教會你「自己」有多重要。

　　也更讓你知道，你要的，或許不全然是事業的成就，不是自我實踐的快樂，不是道賀的人潮，不是朋友與喧囂，

而是那一個懂你、體貼你，你們願意花上一輩子慢慢理解對方、珍重對方，不讓對方受委屈的另一半。

　　都說年紀越大，談戀愛越難，但其實可以很簡單。你該在乎自己的感覺，自己，是自己人生中最重要的事情。但許多事情，千萬千萬、千萬千萬、千萬，別因為做自己而錯過了。

　　關於我做過最浪漫的事情，日漸久遠，隨著年紀的增長，我甚至懷念那個「最浪漫的自己」。年紀大了，人變得太過務實而失去浪漫，浪漫不再是賀爾蒙的衝動，浪漫變成了討好一段情感關係的技巧，用經年累月練習數十次而熟悉的浪漫技能套招，此刻的我，即使不帶情感衝動，只要對方有需求，我能夠做一份他需要的浪漫給他，即使我沒有衝動，我也尊重對方的需求。

—

成長的悲哀，是終有一日，
你對於曾經熱情的事物不再燃燒，
你對於曾熱血沸騰的情節習以為常。

—

　　我曾與一位大齡單身女子聊到她們身上貼的「可悲標
籤」。當一個女生年過 30，依然單身時，她說：「人們會
用距離更年期的時間，來計算這個女生的可悲程度。」意
思是，距離更年期的日子每多前進一天，單身女性此生的
可悲成分就多增加一丁點，直到正式進入更年期，在大眾
眼裡，妳就是個正宗可悲單身女了。

　　她卻反思，人為什麼要結婚？如果大人認為你要結
婚，或別人認為妳是個女的，妳就得結婚，這個婚姻的開
端，從出發點就是非常奇怪的。你有沒有想過，人為何要
生小孩？絕對不是為了養兒防老。「老年時期有人照顧」
這件事，不應該直接丟給另外一個生命來承擔。如果我要

生小孩，就必須要確定我的念頭是對的，而且我有辦法好好教育他，扶持他成為一個獨立的個體。

女人生命中，比婚姻更重要的課題，其實是「成為一個獨立的個體」。關於愛情，那必須是在你完整自我以後，才有資格進階的人生主題。至於世界上是否有真愛？「我相信真愛！但真愛，從不會發生在我身上。」她如此認為。

大齡女子的本領是能計算出一段熱戀期多久將結束，在一起多久會膩，多久開始吵架，多久後將因為彼此觀念與對未來期待之落差而導致分手。

歌手李友廷的歌詞寫盡了溫暖：
在人海中流浪等待愛將我的輪廓填滿，
誰能夠找到我？
你能否由衷容納每一種的我？
多麼希望擁有一個你，讓我值得存在。

——李友廷〈誰〉（詞／李友廷，曲／李友廷）

24 歲那年，初次聽見這段歌詞以後，堅信這份溫暖就是愛情裡最美好的樣貌。

　　你生命裡的課、缺憾、痛點與傷痕，都將遇上一個人填滿你，溫暖將你撫平，從此以後你的各種樣貌，無論好壞，他一律通吃。而這樣的他，如此無盡的溺愛，才讓你的人生值得存在。

　　而隨著年紀增長，我們回頭看那些年少時的愛情，大多荒謬無比，而其中極致荒謬的青春愛情，大約是「我有缺憾，我得靠另一個人才能變得完整。」其實只是將自己人生該處理的功課，等著另一位好學生來幫你作弊完成。結局是，作弊而來的，都是一時的，躲了一時，卻一生都得面對。

　　當大考的那一日，好學生自顧不暇了，你甚至會怪他怎麼沒幫你；又或某天，當好學生因此而受罰了，好學生對你的幫助到了極限，兩人都將崩潰，關係走向毀滅。

　　　　　　　　　　─

那個溺愛你的人，永遠單方面接受你的人，
是不可能長久的。
沒有人甘願辛苦一輩子。

　　　　　　　　　　─

　　真愛是否存在？對的人是否會出現？事實是，世上不
會有一個男人，來完整你的人生。真實情況會是：你親自
完整自己的價值，你才會遇見「那個男人」。

　　生命的建構不在於愛情。
　　而是你先多在乎自己，認識自己是誰，
　　愛情的模樣才會清晰。

　　一切的前提都建構於首先完整自己的價值。當你真心
喜歡自己，堅定自己，才有辦法在複雜的社會與人際關係
的狂風暴雨中，依然保有自己，也才有可能在諸多關係裡，

終於與那位「對的人」建立關係。美好愛情才會發生。這是我的版本裡，關於愛情的成功。

但關於一份「成功的愛情」也不能如此說死。所謂成功之定義，是該被各自表述的，不一定得要把「照顧自己」放在第一順位，把與他人建立關係放在第二位。如果犧牲自我，只為他人付出，你能感到幸福，這就是「你的版本」的成功。

成功是什麼？財務自由、事業有成，或許不一定是「成功」，這些是一種成就的達成，但距離人生的成功，或許不全然。相較於上述的成功之外，付出一生，成為優秀的母親，於我而言，更是一種可敬的成功。

所謂成功，是你能成為屬於自己的個體。隨著年紀增長，我們得越來越懂得策略性的，讓自己擁有人生的選擇權。去追求屬於自己的成就，成為你真正想成為的樣子。

過了 25 歲，人常常無法隨興進入一段感情。年輕的愛情，義無反顧，無所畏懼；長大以後，愛情除了感覺以外，

其餘是「各項條件綜合評估」後的結果。選伴侶，不再只是選人，選的是一份生活，或一位共同經營人生的夥伴。

即將踏入的 30 歲人生裡，我的浪漫多了一分務實，我的純情多了一分理性，我嚮往的愛情多了一分深思。喜歡，只是一種感覺；愛，是一個慎重的決定；婚姻，是一份「用一生來承擔」的責任。

30 歲的愛情，是我能照顧自己，完整而獨立，不確定下一段感情是否能走一輩子，但我期許，若我遇見時，至少，我準備好了。我想以下這十項，會是在真愛來臨以前，必須面對的課題：

1. 成熟的感情是懂得體貼他人，不因己欲而對人生強求。
2. 隨年紀增長，有些事更清晰了，
   有些事學會不抱期望了。
3. 步入 30 歲的本領，是你終將理解：「熱戀不會是一輩子，
   感情終有平淡之日」。
4. 你終於懂得照顧自己，不執著於令人疲倦的關係。

5. 比起愛情，你願意花更多時間整理自己。

6. 成熟，是當你學會不再執著、不再任由自己備受折磨，懂得在關係中灑脫，該放手，果斷放手。

7. 你不再需要靠別人的讚美，來成就自己。

8. 你接納自己的缺點與之共存，並學會放大自己的優點。

9. 相信真愛，也深知不該期待。

10. 你不再需要另一個他，才能完整自己。

　　「長大後的務實」不該扼殺青春裡的浪漫。終有一天，你能找到愛裡的平衡，發現最幸福的事，是在理性規劃的日子裡，當一個情感氾濫的傻子。

09

山料聊聊
vs.
柯佳嬿

30歲，
終於肯把餘生用來
對自己好一輩子。

青春裡的三年，就像一輩子那樣長
而 30 歲回頭看，過往種種，像是一瞬間的事。
這輩子如此短
短到你沒有時間再去取悅那些指責你的人
短到你沒有時間在乎那些讓你受傷的過客。

人總是走到 30 歲
才意識到，是該對自己好一點了。

「你應該什麼都不缺，努力都有收穫，怎麼常常看不見你的笑臉？」在某一次節目錄影的休息間隙，一位來賓這樣問我。我說我工作得非常非常累，累到我失去了工作的熱忱，常常想：能少一件事，就少一件事吧！起初，工作除了必須賺錢、存錢買房子之外，更是實現自我價值的過程。現在呢，只覺得扛了好多責任，一不小心跌了跤，還可能變成千夫所指的對象。

　　一位業界資深前輩，在我對工作厭倦時，說了一段他的職場名言：「所謂工作，就是我們拿自己的靈魂，去換取金錢，再捧著金錢去贖回自己的靈魂。工作是一場折磨人的遊戲，你就把它當一場滑稽的遊戲，輕鬆看待，累了就登出下線，遊戲輸了也無所謂，你會比較好過。」

　　學生時期不斷被叮嚀的一句話是「凡事要認真」，但出社會以後，能夠不認真地活著，才是一種本事。不認真的人，通常比較幸福；不認真的人，擁有的快樂比較多；不認真的人，所獲得的一切，都會覺得是多的、賺到的、幸運的。即使沒得到，也無所謂，因為本來就不屬於自己。

認真的人，要是爭取不到自己想要的，便會覺得不幸、覺得惋惜、覺得遺憾與不開心。

　　說到認真的人，我便想起柯佳嬿對於事業的拚命。在四年內得了兩座金鐘獎最佳戲劇女主角獎，她卻曾在得獎以後感到疲倦與迷惘。她因為認真，把人生獻給事業。而我們錄影時，她卻告訴我：

　　「30 歲，你必須多留一些時間給自己。」

　　什麼是留一些時間給自己？

　　年輕時的愛情，我們著急於對方給的承諾、焦慮於生命的孤獨。愛情在哪裡，哪裡就是家。但 30 歲的我們，沒有承諾也無所謂，你能陪我最好，能陪多久我們隨緣，要是真能走一生，那就太好了。若分開了，我會覺得可惜，我會掉些眼淚，但也尊重你的決定。沒有了你，我也會擦乾眼淚好好生活。

　　年輕時的生活，我們積極於工作的成就，來證明自己

的價值，成功在哪裡，心就在哪裡。但 30 歲的我們，成功該由自己定義了，別人口中的好厲害，那是別人的意見；別人嫌棄的你，那也是別人的事情。不再因讚美而欣喜，不因批評而受傷。

　　多留一些時間給自己。意思是，我正在實踐的，如果剛好符合你的期待，那真是太棒了；可若不是你期望的方向，我也不再被拉扯成你希望的模樣。無論我是廢物或勝利組，無論我是魯蛇或成功人士，都與他人無關，只與我自己的快樂有關。

　　凡事太過認真、過度執著，似乎是我的屬性。而我最大的執著，在於「想要擁有一個家」。越接近 30 歲，執著就越強烈。所以努力賺錢，所以渴望情感歸宿。

　　歌手曹格曾經唱出對於家的渴望，唱哭了所有離開家鄉、心中沒有歸屬的聽眾。歌詞裡關於家的信仰，是毫無物欲，並且不受金錢污染的——

我想要有個家，一個不需要華麗的地方，

在我疲倦的時候，我會想到它。

我想有個家，

一個不需要多大的地方，

在我受驚嚇的時候，我才不會害怕。

——曹格翻唱，原唱潘美辰〈想要有個家〉（詞／潘美辰，曲／潘美辰）

可我心中的家，是物質與感情綜合的結果。若我擁有一個家，卻無法實踐物質的欲望，這個家終究會崩塌。反之，若只有物質，沒有家人，那也是沒有意義的。兩者必須兼具。

我相信平淡溫暖的小幸福；我不相信平庸的日子會讓我甘願這樣活著。我相信某個週末的午後，我與最親密的愛人已昇華為家人，可以無所事事賴在床上看著窗外發呆；我不相信那位愛人與我，可以在我們缺乏財力水準，為生存所苦時，還能愛著彼此。那種困頓的時候，我們都只好

先照顧自己，而不得不把對方的需求暫時擱置了。這就是物質與感情必須達到平衡的重要。

　　現在的我省吃儉用，省了計程車錢、計較了房租，規定了每個月的開銷，並不代表我就會省吃儉用一輩子。這都是過程，直到我能實現理想中的家為止。那會是在台北市區有足夠大的空間，有落地窗與採光，有我喜歡的周邊環境。物質與感情的綜合，兩者缺一不可，這是我一直以來堅定的。

　　如果身邊的愛人是廢物，那我就辛苦一點，撐起這個家；如果身邊的愛人厲害，那我就從容一點，慢慢走到買下家的那一天。不管身邊是誰，我對人生的嚮往不變。

　　至於那位家人是誰？

　　動畫《鬼滅之刃》裡有一位蜘蛛精，牠非常寂寞，想要有家、有家人。於是霸占整座森林，將來到森林迷路的

旅人都綁架了，變成與牠相同的蜘蛛精，建立起一個心中夢寐以求的家。這個家有爸爸媽媽、兄弟姊妹，一家人互不認識，但凡喝下蜘蛛精的血，就能有血緣關係，能圍爐吃飯。有一天，家庭的一名成員想逃，卻被牠抓回來殺了，新的家人再抓其他人替代就好。

牠對於家迫切渴望，但家的成立要素是家人，於是牠急著找到家人，卻忽略了家人是不能硬湊起來的。而是需要經歷時間之淬鍊，將兩個原先陌生的個體，慢慢拼湊磨合，互相理解與包容，一起經歷生活，認定彼此，在好久好久以後，才終於變成一家人。

現代人的愛情，認識一個月就能同居，認識三個月就能懷孕閃婚，認識一個禮拜就給了相愛一生的承諾，並帶回家見父母。這不就是蜘蛛精式的愛情嗎？

對我而言，同居不代表交往，那只是認識彼此的過程。交往不代表一輩子，那只是我們正在培養對未來的共識。

曾經我也是如此。當時才交往兩個月的另一半，說出

要相愛一輩子，我被他的含淚告白所感動，這輩子非他不可了！什麼再也拆不散我們了。但事後每每回憶起當年，我總是會笑，這句「一輩子」的承諾有多荒謬。三個月後，我發現一則對話紀錄，他與其他人發生關係，就在那給了一輩子承諾的隔天。於是我們分開了。

家人並不是認識兩個月就是家人，我不再急著與誰進入一段關係。我與弟弟妹妹爸爸媽媽，都是二十幾年的感情，這才是家人。我不可能像《鬼滅之刃》的蜘蛛精，把所有人都綁架到我身邊，不可能給予一位認識三個月的曖昧對象對未來的承諾，不可能認可一位剛踏入我生命不久的人是我的家人。那只是滿足自己對家的渴望，而不是真正擁有家人。

家人，是無關乎血緣，是需要時間來證明的。

而我這個急性子，要學的是慢慢等，等一個家人的出現。這個家人，他可能會與我有許多摩擦，也可能跟我經歷非常多的波折；我們會吵架，也會更認識彼此，也會有

快樂。

　　從朋友變成情人，變成愛人，變成家人。
　　我們必須接受，這件事急不得。
　　這是一段需要三年五年，或七年十年的過程。

　　一件事情輕易得到，就會輕易失去。
　　輕易來的，也就能夠輕易離開。
　　輕易結婚，離婚也輕而易舉。
　　輕易給的承諾，也能輕易打破。

　　為什麼家人珍貴？
　　因為經歷幾十年的相處，成為現在相互珍惜的模樣。

　　為什麼情侶總是分分合合？
　　因為來得容易，離開也沒什麼好不捨的。

　　我要的不是那種分開後哭兩天就沒事的愛情。我要的

是再多的爭吵，也吵不散的感情，越吵越多理解，越磨越合，直到有一天，我們再也分不開，成為彼此心中最嚮往的——家人。

　　所謂的最幸福是什麼？最幸福的是，在 30 歲到來，留一點時間給自己，從容地去找到一個願意一起浪費一生的另一半。我們細心培養彼此，慢慢呵護這段感情滋長，即使有時不小心暴力了一點，情緒多了點，也滋養我們，慢慢長成溫暖彼此的模樣。

　　到時候，我們肯定笑著相望，感嘆一聲：

　　「原來，這就是家人啊！」

10

對自己說句對不起，

開始好好照顧自己。

　　　　成年人之間的嫌隙
　　　還真不是用說的就能解開。
　　也有可能解釋越多，越惹人厭。
　　　　　有些時候
　該說的全說完了，卻沒有辦法解決問題。
　其實只是需要一些時間，等一個契機。

　　　若有緣分，我們會繼續。
　若無緣，也要不遺憾地……說聲再見。

傷痕累累的人，總在察覺自己可能會被丟掉時，先把對方丟掉；習慣在對關係沒有信心時，先斷絕關係。在對方把分手說出口前，搶著先說分手……我明白，假裝自己是傷人的，而不是受傷的，或許會比較快好起來。丟掉東西，總比「被當成東西丟掉」來得好。

　　在愛情裡受傷的人，經常在愛情裡重複受傷。同樣的傷痛，用數十種不同形式來重複體驗，好像只有在受傷與情緒張力戲劇化的情節下，才能感受到愛。世界上真的有人遇見真愛、擁有幸福；也有更多的人，在愛裡心死。為什麼有人可以一段關係走多年也依然幸福，卻也有人七個月都像在苦撐？

　　我有一位「五年失戀五次」的好友，她的每一任男朋友都有不同的心理問題，第一位已婚出來偷情；第二位會施暴，意見不合發生爭執，男友從不與她溝通，會將她壓制倒地並強制性交；第三位酒精成癮，經常在凌晨酒醉大鬧鄰里，在社區中庭連續一小時對她大喊「我愛妳」，隔天卻完全失憶；第四位有極端的控制慾，將她關在家中反

鎖，給她準備充足的食物與電玩、電視、手機遊戲等娛樂；第五位情緒經常失控，習慣激烈爭吵後冷戰消失，人間蒸發至少三天。

為什麼常常在談戀愛以後，明明知道他對自己不好，卻偏偏捨不得離開對方？甚至體貼對方，替對方找藉口？他揍我，只是因為一時生氣，他本性很善良。他喝酒後失控，只是因為最近工作出問題，需要一個發洩出口。他有很強的控制慾，只是因為家裡有變故，父母過世得早，所以對關係有不安全感，我應該體諒他。

會揍你的人，或許很講義氣，會在你被別人欺負時，替你打抱不平。容易喝酒失控的人，或許真性情，會對你說出最浪漫動人的告白言語。強烈控制慾的人，或許極度感情專一，眼裡只有你，你會得到最專一的愛情。

會捨不得，會害怕踏出舒適圈，會擔心離開他以後，會不會就遇不到幸福了？即使他對你不好，你也捨不得離開。更多的時候，或許你要思考的是：為什麼我不想離開？為什麼我不值得更好的？

一個心理健康的人，要不有本事與對方的暴力行為和

平共處，要不就離開對方。可偏偏心靈再健康的人，籠罩在暴力行為底下，也將逐漸變得黯淡。這時候，健康的人會選擇離開，因為若是為了照顧對方，我卻得因此犧牲心靈的健康，那我會失去了自己。

——

其實離不離開，真的取決於自己。
有創傷的人，會重複吸引有創傷的人。
心理健康的人，也會吸引同樣健康狀態的人。

——

我們都對與自己相似的人有興趣。創傷者，在人與人的交流中，對於同樣創傷且不能自理的人，會不自覺地受彼此牽引，渴望療癒雙方，渴望被照顧，渴望在對方身上滿足自己過往未竟的願望，卻在不自覺間，展開一段互相傷害的感情。然而，健康的人，在人際關係裡，自然屏蔽了對自己有害之人，也不是刻意的，而是有創傷的人，對

那些健康的人提不起勁；健康的人，對於創傷者世界中的拉扯與矛盾，毫無興趣。

當我們能獨立照顧好自己，接下來的人生裡，若遇上任何關係上的困境，離開或留下，便與他人無關，就只是自己的選擇罷了。

我與那位五年失戀五次的好友聊了一整夜，我說盡了當我在愛裡挫折時，曾悟出的哲理。聽完她的故事，說了自己的故事，才發現我們都過得不好，都是受傷的人，在向同樣傷痕累累的人相互取暖而已。誰都不健康，我們都在愛裡，面對妖魔鬼怪給予的傷害，我們深愛那些傷害我們的人；我們甚至也都曾當過妖魔鬼怪，成為恣意傷害他人的人。

我們都在追求幸福，並且不知道該如何擁有幸福，在每一條人生岔路上猶豫不決。尤其 30 歲，已婚的，事業有成的，單身的，一事無成的，我們多想看看若人生按了重置鍵以後，可否有更好的選擇？可人生沒有如果呀⋯⋯

在台北橫衝直撞了十年，曾有人說我可惜，最好的時光，都拿去職場上受苦了，浪費在事業裡埋頭苦幹了。20

歲覺得人生不可逆，我要拚命衝一次，否則會後悔。30歲驚覺人生不可逆，好可惜，小時候那個純真的自己，常常我看不見他了。

30歲即將到來，我發現自己從未真正感到快樂，但不清楚為什麼。我自己開了公司，我做最愛的文字工作，我創作了幾百支短影片，我拍廣告，做喜歡的事情。我真的不像是一個不快樂的人，或是說，我不應該不快樂。

一位認識十五年的摯友，他叫做小暴牙。小暴牙得知我不快樂，由衷告訴我：「你擁有所有別人想要的，你有賺錢，你站在舞台上，你擁有那麼多，你過得比大多數人都好，你沒有資格說不快樂，會讓人討厭！你憑什麼？高高在上講那些奢侈的煩惱？不覺得可恥嗎？」而我聽完以後，覺得刺耳，但我只回答了對不起。

只有一句對不起。

身而為人，真的令人疲倦，因為我們必須處理千百種人際關係。從出生以後，我在意父母是否愛我，是否待在我身邊？為何我被寄養在親戚家？爸媽是否不愛我？上幼

兒園以後，擔心放學回家的隊伍中，隔壁同學不願與我牽手。小學時，我煩惱著，要是不幫他作弊，他是不是就不跟我好了？暗戀三年的同學，畢業前我想鼓起勇氣告白，但若對方不喜歡我怎麼辦？大學以後，困擾著報告分組沒有人跟我一組，應該很丟臉吧？

—

生命中百分之九十九的痛苦，
都來自於我們想要被愛，我們想要愛人，
我們想要與他人一起分享快樂。

—

長大以後，真的好忙。忙著取悅身邊的人，卻默默被討厭了。曾遇過幾段淺薄的關係，常常一句話沒順他的心，他就忘了所有你的好。長大後的日子，忙著照顧了所有人，卻忘了照顧自己。

我想起那次與歌手周興哲錄影時的聊天內容，聊到他

是一個防護罩開到最大，幾乎不被批評攻破的人。他曾經被前輩抨擊沒有亮點，不會紅。但他認為別人的想法與他無關，他只要做自己喜歡的事情，並在成功時與看見他的人共享即可。

其實，若你很愛一個人，但總是聽見他的壞話，聽久了，你也會跟著討厭他的——謠言的力量。

相反的，若你很討厭一個人，卻經常聽見他的好話，你也會忍不住想知道他到底哪裡好，並逐漸理解他的好——謠言的力量。

我們都知道別人的話語傷你，是別人的問題。

可為什麼偏偏還是受傷了？

我們都知道要愛自己，

可為什麼卻愛著那個會傷害我們的人？

離開台北前，面對認識十五年的摯友小暴牙的猛烈批評，我回答的那一句對不起，究竟對不起什麼了？我為什麼道歉？我不知道為何要道歉。

我和那位摯友小暴牙其實已經五年鮮少聯繫，他到紐

約念書，一待就四年，我忙於創業，直到他回台灣，我公司穩定，才再次聊天。聊天的開頭，是朋友提到小暴牙從紐約知名大學碩士學位畢業，卻在台灣求職碰壁，失業了一年，要我幫忙介紹工作。於是我努力想幫他一把，我欠了兩個人情，找到兩個面試機會，薪資在他的理想範圍，工作內容也相符，小暴牙卻冷漠回絕了。

許久後，我從朋友口中得知小暴牙私下對我的評價：「他憑什麼幫我介紹我工作？黃山料以為自己是誰啊？稍微有話語權就施捨我嗎？我學歷還比他高好嗎！」我珍惜兩人一起長大的情誼，所以我沒戳破。我知道他有他的人生課題未解，他在我介紹工作給他時受傷了，他覺得被冒犯了，即使我只是真心想幫助他。

帶著此生將近三十年累積的不快樂，我搭上飛機，回到我的家鄉金門。我起初只是想要喘息，或是逃避，逃離複雜的人際關係。我想沉澱自己一下子，一下子就好，我會趕快打起精神，繼續回到台北公司裡賣命苦幹。卻在某個午後，住在弟弟經營的白貓民宿，心情平靜，手機關機，

我的世界只有好吃的甜點與眼前無盡的荒野，看見弟弟在田裡追著貪玩不肯回家的小貓，聽見妹妹說了一聲我去養雞場載雞蛋，當我坐在小院子木椅上曬太陽發呆時，我突然想起那天我對小暴牙說的那句「對不起」。

—

我突然發現，
原來我的對不起，不是對他說的，
而是我真心覺得對不起自己。

—

這十年來，又或是說這三十年來，
我從未真正照顧過自己。

只能和自己說聲對不起了。

我總是犧牲假日，也要完成工作。我總是忙工作一整

天，餓著肚子，凌晨才暴飲暴食，帶著工作產生的疲憊吃著犒賞自己的美食。我總在愛情裡在乎對方是否愛我，勝過於我是否珍惜自己。我總是努力照顧別人，卻也總照顧不好別人，因為我連自己也照顧不好，一個不完整的人，要如何照顧他人呢？

　　對不起，我自己，我不斷藉由犧牲你，來達到事業的成就。也藉由犧牲你，來換得愛人繼續愛我。犧牲你，來賺錢；犧牲你，來滿足被愛的渴望。我不是故意的，我只是以為，犧牲你，我能在未來的某一天，換來更多的快樂。

　　帶著這句和自己說的對不起，
　　我決定暫時放下台北的一切。
　　我想回家，回到十年前逃離的家鄉，金門。

　　願那些因愛而生的執著與痛苦，能找到解答。

11

山料聊聊
vs.
林采緹

戀愛是只要你快樂，

婚姻則是一場

共同的責任。

當人生的快樂，完全寄託於他人時
便失去了掌控權。
快樂與否，牽動在他人的情緒裡
將活得非常辛苦。

愛情跟事業，如果得二選一，你選哪一個？我不斷在感情關係中面對這一題，選擇事業是自私自利？選擇愛情是不切實際？我想舉我曾經的例子，當另一半因為工作耽擱，我們必須分開一陣子時，我們的處理方式。在一通凌晨的失眠電話裡，他告訴我：「我好想放下工作，馬上去找你。」我沉默，他賴皮又說：「我真的好想去找你，但因為有工作，我想試著請假。」

　　「真的不要來找我，工作第一。」

　　「你不想見到我嗎？」

　　我告訴他：我很想！不要擔心。

　　「但你一定要把工作擺在第一順位，優先於我，因為你的事業，是實現你自我價值的其中一個要素。當你在工作上有了成就，你會欣賞自己，會喜歡自己。你有愛自己的能力，才能夠懂得喜歡我。」這是我和他不斷強調的：實現自我價值的重要性。當你真心認可自我價值，照顧了自己的心情，你才有本事照顧他人。

　　愛情跟事業，你選哪一個？

那個選了事業的人，不一定代表他自私，

而是他知道，我們都得選了事業，才算是選了愛情。

　　而我的母親，是徹底選擇了愛情的那一個。偏偏父親是風，你能感受他的存在，他的吹拂，卻在母親緊握時，永遠抓不住。嚮往自由的爸爸，朋友很多，晚餐時間經常獻給各式的朋友聚會；嚮往家庭的母親，孩子優先，時間永遠以父親與孩子為優先。當你人生的快樂，完全寄託於他人時，便失去了掌控權。你的快樂與否，牽動在他人的情緒裡，你將活得非常辛苦。

　　對於大多數青春期的少年而言，媽媽是一種丟臉的生物。提起母親，似乎就是長不大的象徵，好像叫媽媽的男人很懦弱，好像提起母親的人就是同儕間長不大的小孩。「我媽說⋯⋯ 我媽說⋯⋯」好丟臉的開場白。

　　我見過一種媽媽，帶著兒子忘了帶的課本與餐盒，匆忙到教室找兒子。媽媽在教室門口喘著，貌似狼狽、額頭冒汗，我當下看不懂這位媽媽的喘是什麼意思。

也見過一種媽媽，將兒子的作業帶到學校，放在訓導處請老師協助廣播，叮囑老師：「叫兒子來領就好，不要說我來了。」當下便自行離去。

　　第一種媽媽，兒子的彆扭寫在臉上，先是假裝沒看見媽媽，裝作不認識，直到媽媽不識相地喊著兒子的名字，才氣沖沖回應：「妳幹麼來，到底關妳什麼事，快滾開！」老師為了緩和氣氛便說：「小孩子不能對媽媽這麼不禮貌。」這句話卻讓兒子更尷尬了，全班同學都給他貼上標籤，烙下一個媽寶印記。

　　母子關係生變，兒子抗拒媽媽的付出，媽媽因兒子的叛逆而傷痕累累。那兒子曾經告訴我：「我媽很丟臉，我根本不需要她。」我知道，這位早上八點幫兒子送貨的母親，家中開餐廳，一早去市場備料後，回家發現兒子東西忘了帶，趕緊送來，再趕回餐廳進行開店前置作業。媽媽的喘息源自一路倉促，凌亂的髮型是放下面子，衝進教室裡是拋下了自尊。畢竟，沒有女生想看見自己不漂亮的。

　　媽媽是個丟臉的生物。因為她不端莊、她頭髮狼狽、

她對你過度付出、她拋下自尊、她讓你沒有自尊、她害你被笑了一整個學期。我懂，那位兒子是這樣想的。

　　第二種媽媽，兒子在下課後聽到廣播，到訓導處領取自己忘了帶的作業，我發現他異常沉默，後來見他掉了眼淚。兒子默默擦掉眼淚，他說：「我媽很白痴。」後來，我瞧見作業封面上貼了一張紙條：「兒子上課加油喔，媽媽幫你送東西來，先去上班了！」哦，這樣啊……我知道那句白痴，是愛媽媽的白痴。兒子把媽媽對他的體貼，牢牢放進心裡。

　　媽媽是一種丟臉的生物。確實，媽媽經常放下自尊，把自己的面子都丟掉了。孩子看見這樣的媽媽，總是心裡一把火吧？直到長大了以後，我知道的是，世界上哪個女人不高傲？女人們相同的願望是希望此生備受寵愛。而不被呵護的媽媽是強者，媽媽放下自尊，是因為她擁有了比自己更重要的人，那就是你。

　　一位堅強的母親，之所以堅強，不是因為她牢牢守著

自尊心，而是她放下一切顏面，拋下自尊之包袱時，連自我都不要之時，她只為你。這就是母親的強大。

　　我也理解，那位心中一大把怒火的兒子，並不只是生氣自己被同學嘲笑，他更氣的，是看見自己最愛的媽媽，竟如此狼狽，生氣的背後，是關心則亂。他的生氣若翻譯成語言，是「媽媽，我好希望妳照顧自己多一點。」

　　而我那位「徹底選了愛情，為了家人犧牲自我」的媽媽，我必須在她耳邊說一百次同樣的話：媽媽，**妳可以對人好，但好要有分寸，妳已經做得很好了，這輩子還有三分之一，接下來的日子，不要再為誰犧牲了自己，好嗎？**

　　/ / /

　　藝人林采緹的故事值得我的母親閱讀，采緹在 28 歲生下孩子，並且離婚。離婚後她上我的節目，錄影前說了一段令我印象深刻的話：「離婚之後，好像常理上，兒子會自然變成一個失婚媽媽對未來的寄託，但我不可能把兒子當成我的全部，他會長大，他會是他老婆的。如果我未來

的老公，被他媽媽占有，那我也會很辛苦。」這是她對於單親媽媽與兒子關係的詮釋。

其實，采緹此生願望是成為一個好妻子、好女友，幫心愛的男人實踐所有願望。另一半的快樂，是她幸福的來源。不過事與願違，她替男人實踐夢想，卻擺脫不掉被男人踐踏的宿命。劈腿、施暴、欺騙、背叛，當男人是妳的全世界，男人的世界卻同時擁有許多女人，采緹精神崩潰……被迫成了男人眼裡的潑婦。她取悅了愛人，卻也失去了自己，變得歇斯底里。那些為愛情而活的，最終下場都慘透了。當你在愛情裡失去自我，最終也失去了愛情。

采緹在懷孕後與男友結婚，婚後老公卻經歷劈腿、吸毒風波，但這些嚴重之大事，都不是她決定放下這段關係的理由，她說：「吸毒或劈腿，可能是不小心走錯路，人都有犯錯的時候，我是可以原諒的。真正決定離婚，不是一個瞬間的事，也不是單一事件造成的結果。」
我問還會有什麼事情更嚴重的？她說，其實我很習慣

在感情裡成為一個不斷付出的角色，我的幸福通常是從另一半身上獲得，看見他被我照顧得很好，我就特別快樂，那是我畢生的成就感來源。我把工作安排在第二順位，我的行程表是跟著老公的行程表走，我願意成為他的附屬。他快樂了，我就快樂。

原來我的幸福，不是我是誰。
而是在愛情裡，我成就我的男人，我是他心愛的女人。

但懷孕之後，我對他的愛出現了裂痕。
或是說懷孕讓我更認識了自己……
懷孕的女生，是需要被照顧的。

從前我一直身為照顧者，擔任付出的角色，但懷孕的辛苦，讓我幾乎無法再把他人當作第一優先，我從前沒意識到，原來我也有需要被照顧的時候。
曾經完美的愛情，就在老公凌晨晚歸倒頭就睡、老婆挺著孕肚得下床關燈、肚子餓了身邊卻沒人，這些細枝末

節的小事裡，產生裂痕。但幾年來總是習慣被照顧的老公，被寵習慣了、被疼愛習慣了，即使溝通時都聽得懂老婆的話語，但實際生活時，習慣卻改不過來，本性難改。或許老婆的愛，讓老公永遠能當個快樂的小孩，但事實是，再快樂的小孩，也有必須長大的一天。兩人愛情觀的衝突產生了。

「我這輩子都在照顧別人，都要 30 歲了，我想要給自己一次機會……」說完這句話，采緹哭了。眼淚的意思，是她失去底線的付出，真的辛苦了，她說出這句話的時刻，是她這輩子第一次意識到自己從未照顧好自己。眼淚是抱歉，是對自己的虧欠感。

離婚的故事發生後，老公因吸毒入獄，很久很久以後，采緹知道老公想挽回。確實，人生巨大的打擊總會令人成長，老公變得稍顯成熟，似乎從男孩成為能夠倚靠的男人。我問她你們還可能嗎？采緹停頓了幾秒後，搖了搖頭。不再多說。

氣氛沉默，我呼吸到了采緹的心情，她沒說出口的是：

戀愛是一種「只要顧著討你快樂」的事，而婚姻則是一場共同的責任。男人的年齡成長，並不代表成熟，千萬別和「年紀大的小朋友」結婚。

或許事實的殘酷是，當孩子氣的男孩終於成長，被傷害的女人卻已經無法回頭。正如作家九把刀所說：「成長最殘酷的，是女孩永遠比同年齡的男孩成熟。女孩的成熟，沒有一個男孩招架得住。」

男孩，是該長大了。

女孩，妳體諒了全世界，卻從未體諒過自己。

是時候該多照顧自己一點了。

12

我們總在和時間
與距離對抗，
只要稍微鬆手，
就失去了彼此。

在最親近的人面前，人最任性。

因為是家人
我們可以不用呵護，可以恣意妄為。
卻不曾想過，當初最愛的人
若疏於維繫
也會不小心就走散了。

常聽人說，家人是一輩子的，只要是家人，一生都會是。好像不管如何互相傷害，如何踐踏彼此，只要是家人，你就得概括承受一切。因為是家人，所以被傷害不能跑，被愛的重量壓死了也不能說不，說不，就是不孝，因為你拒絕了父母的善意。即使那份善意，對他人來說，可能是傷害，你也得接受，因為以愛之名。

　　憶及與母親剛分開之初，18 歲的成人日子裡，每天至少一次接到她的電話，通話內容大約是更新彼此的無聊日常，通話目的是母親為了確定母子依然心繫在一起。

　　兒：「我今天感冒了，喉嚨痛。」

　　媽：「我也是，怎麼這麼巧？啊，應該是母子連心。」

　　兒：「我昨晚沒睡好。」

　　媽：「我也是！整晚反反覆覆的。啊，母子連心。」

　　兒：「我今天突然很想吃番茄炒蛋。」

　　媽：「我晚上剛好有煮耶！怎麼這麼有默契！啊，母子連心。」

　　我今天發生的任何事情，只要媽媽也有類似情境，皆

為「母子連心」的證據。媽媽照顧了孩子十八年，將人生重心放在兒子身上十八年，一夕之間必須抽離，她必須重新找回自己的人生。可這並不是說找就能找到的，放手也不是說放就能放，愛也不是說斷就斷。媽媽拚命透過我的每一句言語，尋找各項母子連心的證據，好像只要這些證據還在，兒子就還是媽媽的兒子，再遠的距離，再長的時間，都無法將我們分開。

離開家鄉以後，我開始尋找屬於我的生活，我是誰？我要什麼？我嚮往的未來？我理想的愛情？我學習照顧自己，吸收社會給予之養分，長成一個大人。在迷茫摸索的日子裡，我與家的聯繫漸漸少了，我花了許多力氣工作、學習、找自己，卻在一天忙完以後，累到忘記回覆媽媽的未接來電。也在有限的時間內，被迫在工作與家人二擇一的路口上，選了工作。一年只回家一趟，媽媽成為三百六十五分之一，我們一年只見一次面。

—

我們總在和時間與距離對抗，
只要一不小心稍微鬆手了，
就失去彼此。

—

　　人的青春是有限的，我們用時間換來我們想要的。在我犧牲與家人相處之時光，捨棄了親情之包袱，當我不為別人，只為自己的人生而努力以後，十年過去了，我成為了黃山料，我成為了我自己。我花時間耕耘了自己，我得到了我自己，與家人的那塊，卻只剩空白。在再次與最親近之家人碰面時，說著相同語言卻不同頻率的話語。

　　「我記得你小時候都會跟我說晚安，還會親一下抱一下，你現在都不會了！你變了！」媽媽眼睛裡裝著遺憾，難過呢喃。「小時候你都說我做的番茄炒蛋很好吃，只要有這道菜你就可以吃三碗飯，你現在怎麼不吃了？」媽媽的每一口飯，吞下的是挫折，嚥下的是心酸。

我不願承擔那鍋象徵父母情感滿溢之愛，多到我喝不下的雞湯，我不想再承受把我當孩子照料的長輩之愛。

我不知道為什麼我無法跟妳擁抱親吻說晚安，我不知道為何我與妳安靜坐在餐桌吃飯總感覺到無形之壓力籠罩。我願意坐在這裡代表我想要，但我卻不知道該如何想要。我真的不知道，只覺得不知道用什麼表情來面對我們之間被偷走的十年。

在與家人形式上是家人，卻鮮少聯繫的十年過後，我邀請媽媽來錄影，那一次錄影，我們才真正重新聯繫。無意間說了許多從小積在心裡的壞情緒。

越小的時候，被傷害過的，會記得越清楚。印象中，媽媽曾對我說過非常殘忍的話語：「你在學校被同學欺負，像條蚯蚓？回家跟我頂嘴，像條活龍？怎麼這麼孬種？好好笑喔！」這段諷刺，發生在我無法適應校園生活，經常想放棄生命時，那是我最脆弱無助的時刻。

而我也藉由母親的言語，建立了自我人格，原來我非常難相處，又令人討厭，總是讓人失望，原來這就是我。我即使不願接受，卻將受傷的感覺深埋在心裡，後來我才知道，小時候如果有心結沒有解開，很有可能就跟著自己一輩子。

　　但長大以後，我才知道，當時媽媽對我的攻擊性言語，也是媽媽最脆弱無助的時刻，她正因家中創業失敗而負債的經濟問題困擾，她才剛被討債的親戚朋友侵門踏戶一番，她在低潮裡，根本無法溫柔擁抱當年那個受傷的我。她當時大概是覺得世界給她好多壓力，所有人都欺負她，連兒子也是。

　　媽媽既壓抑又保守的人格，認為好事不能張揚，低調才是唯一的行事法則，看見自己的缺點要大方改正，看見優點卻不能驕傲。長久的壓抑，讓媽媽必須透過他人之認可，來完整自己的價值，並因他人之不認可，而痛苦萬分。

　　我的人生觀裡，認為每個人這輩子都有一項使命，與其糾結自己的缺陷，不如更發揚自己的優點，去實踐讓你

快樂的事情。優點要被張揚，缺點既然改不掉，就不要勉強自己，世界很大，你總會碰上一個契合於你的。每一個缺點，只要換個角度欣賞，都將成為優點。

你的頑固，是對原則的堅持。
你的鑽牛角尖，是對細節的要求。
你若情緒化，是你感情豐富。

你若沒有朋友，或許是周遭人太庸俗，
只有你將成為一個與眾不同的成功者？

你若總是孤獨一人，
會不會是別人不懂得欣賞你這座獨一無二的藝術品？

而媽媽的世界裡：「你被討厭？一定是你做錯了什麼。你要改進自己，才不會再被討厭。」我不會否定媽媽總是嚴以律己，寬以待人，來讓自己越來越好。這樣的人生觀，是她的選擇，而我與她，只是選擇不同而已。我尊重她選

擇的人生觀，從另一個角度來看，這會是一項優點，但優點的反面是——媽媽也走進不斷自我否定的循環裡。

　　媽媽花了太多時間責怪自己，而我認為人生太短，短到沒有時間糾結於那些背棄我們的人。人生也很長，長到你跌倒了，都一定還有力氣站起來。我花了十年的力氣，在我跌倒的童年裡，以成年人的身分站了起來，才似乎逃離那段不斷自我否定的迴圈。我花了大量時間證明自己即使被看作一個失敗品，也能得到世俗認定的成功，即使這個成功根本不是我真正嚮往的。我花了好多力氣，才終於呵護好小時候那個不斷被否定的自己。

——

唯有和心裡那個受傷的自己和解，
人生才能開始新的起點——
有力氣去追求自己真正想要的。

——

不過，媽媽依然否定我的人格，卻又依然說著愛我，我不禁懷疑，妳愛的是我？妳真的認識我？媽媽其實不認識我，她只認識她的兒子。

　　當媽媽被問道：「妳覺得兒子是什麼樣的人？」她的第一個回答：「兒子常常被討厭，因為他個性太直接，應該要改一下。藝術家，沒有人懂他。」但媽媽不知道的是，當我離開她以後，我發現原來在媽媽眼裡的我的缺點，在懂我的人面前，全變成了優點，我卻不敢相信他們嘴裡那樣優秀的我，真的優秀嗎？我從來沒有聽過竟有人如此描述我？我不相信自己是好的。那些認為我優秀的朋友，他們期待著我繼續做自己，繼續透過自己的力量，用自己的方式去實踐人生價值，帶給社會貢獻：

　　「我們知道你的價值，所以你創立的媒體品牌帶給社會正面影響，你寫的文字讓我們學習理解、尊重不同價值觀，你的影像作品帶出的社會議題非常棒。你不用怕得罪別人，也不用怕別人討厭你。因為即使是厲害的耶穌，也得被釘在十字架上，被萬人唾罵，直到他的理念終於被門

徒發揚出去。」聽完朋友的敘述後，我雖不認為自己偉大，卻也深信，我想要我的創作被人看到，這讓我活著的日子，有一份使命感。

媽媽接著說：

「我不太懂，只知道我生出一個複雜的小孩。」

媽媽與孩子最幸福的回憶，大多在兒時，但孩子長大了通常不記得，留下媽媽一個人孤單地住在回憶裡。孩子與父母間最大的遺憾是，明明關係最親近，卻成了最不理解彼此的人。

我再和媽媽說了一段話：**「媽媽，我想活的，是黃山料的人生，而不是媽媽的兒子的人生。」**媽媽卻回答我：「媽媽的兒子，不就是黃山料嗎？有差嗎？我常常不懂兒子在想什麼。」

孩子與長輩的對話，經常是無效的，說了再多，長輩也依然用他原先的模式與你相處，你也依然是你的形狀，不願因長輩的控制而改變自己。父母依然用他們的方式愛

你，你也依然用同樣的方法逃避或抗拒。

　　我與母親之間，像兩條平行線，互相說著彼此無法認同的語句。媽媽總認為媽媽給的愛，有什麼好不接受的？愛是一件這樣美好的事情。孩子總認為，我有自己的名字，我不只是你的孩子。唯一的連結點，除了血緣，就是那些共同經歷的童年。

　　回想那些童年我與弟弟妹妹一同聽過最聳動的媽媽經典語錄，是這一句：「我生的兒子都對我不孝，那我去死好了！」當這句話第一千次從媽媽嘴裡喊出來，我笑著回答：「好啊，快去，妳說好多次了，怎麼還不快點？」被勒索久了，已懂得微笑看待。家中常有一股調味料添加失敗的氣息，一個生氣怒吼，一個噗哧笑著，一個看戲，一個冷言冷語，一個無視正在發生的一切。這是我們特殊的家庭情況。互相勒索久了，有一天，我發現我不願再承受了，於是我離家了。

——

一直到離開母親很久很久以後，回想起來才知道，
其實我們沒有人願意對方死，
我們只是不知道該怎麼去愛⋯⋯
在一次又一次摩擦中，把感情磨掉了，
在許多爭吵以後，把愛也吵散了。

——

　　我不能再與媽媽因為愛而相互勒索著，我不能再被母親以慈愛統御了。這些負面情緒，並不是我離家的唯一原因，更多的原因是我必須長大了，我必須去認識自己是誰，去追尋自己的人生。

13

山料聊聊
vs.
白癡公主

當我過得很幸福，
才算珍惜
你對我的付出。

兒時，我們的世界裡只有媽媽。
長大了，她卻成為最不理解我們的人。
當媽媽努力想闖進孩子的世界
往往不歡而散
最後她能做的
只剩守候在手機旁，期待聽到孩子們的消息
為晚歸的我們留一盞回家的燈。

此生無藥可救地迷戀你，這就是媽媽的軟弱。

—— 摘修自《一件襯衫：你揮灑的城市日常風景》

在與白癡公主訪談前，我從未真正思考過「我與母親的關係」。身為兒子，出生於傳統家庭的孩子，我知道男孩長大該有自己的事業，該賺錢，該成家，該孝敬父母。孝順是理所當然，但為什麼？**為什麼我們該孝敬父母？對孩子的愛與付出，目的是為了孩子的孝敬與回報？**

　　「我想陪我媽媽，所以 40 歲前絕對不嫁。」
　　這是白癡公主的故事。

　　12 歲以前，是與家人牽絆最緊密、相處時間最長的時候。進入青春期，重心是朋友；成年後，心思在愛情；出社會後，全心奮鬥於工作；30 歲了，花時間在婚姻，再過幾年，陪伴的是孩子。照顧友誼，呵護愛情，經營婚姻，我們在意自己喜歡的、自己想要的、自己嚮往的，我們花大量時間認識自己，卻花了極少的時間真正認識最熟悉的家人。

最熟悉的，常常最陌生。

你知道媽媽的三個願望是什麼嗎？

你能說出爸爸最心痛的一件事情嗎？

我們常常答不出來。

　　青春期以前，家人陪伴你最多。當你長大了，卻極少有機會陪伴家人，像他們陪伴你那般多。都在為自己而活，卻始終未發現，媽媽的軟弱，是她說服自己鬆開你的手，是她要自己接受十五年來的人生重心，都終將遠離自己。媽媽為你好，卻獨自凝視你瀟灑長大，匆匆離去的背影，她催眠自己，放手才是真的為你好。

　　白癡公主是單親家庭，媽媽獨自拉拔姊妹長大。訪談節目播出前幾天，我與製作人為了一張「水餃照片」爭執。其中一個原因是訪談要精緻，製作人通常會要求剪接師刪除冗贅的對話。白癡公主說道：「我從小經常三餐吃水餃，長大以後終於吃到正常的三菜一湯，才發現原來當年媽媽是真的沒有力氣。」這段話被刪除了。製作人為收視率考

量，愛情故事確實比小時候的飲食回憶來得吸睛。

　　我特地進公司一趟：「水餃這段不能剪掉！白癡公主的媽媽身兼多職，拚命賺錢，她分身乏術，以最高效率填飽肚子，在差一點繳不出房租時，還得養活兩姊妹，想出煮水餃的辦法，能快速以最低成本養大孩子。白癡公主誓言 40 歲前不結婚的理由，是因為媽媽的世界只有她。」絕對不能刪，而且得把水餃照片放上去。

　　也因為這段過程，孩子小時候總會抱怨「……怎麼又是水餃。」長大以後孩子會知道，那盤水餃，省下的做菜時間、多賺的時薪，才足夠你們有下一餐水餃。簡單的一餐又一餐，孩子終於長大，總算能自食其力，此時媽媽才總算鬆了一口氣。在勞碌的日子裡，她忘了時間已在自己身上留下痕跡，疏忽了身體終究不再年輕，當她目送孩子離開，才久違地回首自己，卻已經來不及。

　　媽媽的人生只有兩個字「無悔」，無悔於犧牲青春，無悔於放棄自己的人生，無悔於忘記自己的喜好，無悔於把時間獻給孩子，無悔於——從未真正照顧好自己。

她已經忘了如何對自己好。

即使孩子已經離開，有了自己的另一半、自己的孩子，此生都將掛記別人勝過自己。這就是媽媽的宿命。

其實我當下能理解白癡公主的「陪伴媽媽四十年，不婚誓言」，卻深知自己不可能辦到。我一邊感動於公主對母親的親情至深，一邊思考自己要是真的如此仿效，此生註定不快樂。

前些日子，在社群上瘋傳一篇「自殺遺書」，撰文者是被婆婆長期欺凌、冷暴力、精神施虐的媳婦——這位善良到沒有界線的女孩，她的老公軟弱，且過分依賴母親。女孩婚後與老公、婆婆同住，女孩的一切言行，皆需獲得婆婆認可。婆婆的命令，代表老公的命令；老公的言行，等同婆婆的指令。她受排擠，孤立無援。

遺書內文大致如下：「我的婆婆殺了我，嫁來的幾年，每天過得膽戰心驚，天天看人臉色很累，經常被霸凌，說錯一次話，就無視我、恐嚇我，夠了！不是想死，是我活

不了。永遠不見，我解脫了。」

　　孩子與父母的相互依賴程度，若未能理性思量，一步踏錯了，即釀成悲劇。女孩嫁入老公家後，飽受「老公的母親」折磨，最終放棄孩子、老公，離開人世。

　　說是婆婆殺死自己，其實老公也是幫凶。
　　丈夫的課題：老婆和媽媽不和，我該選哪一個？
　　媽媽的課題：兒子是我的？兒子的老婆也是我的？

　　其實每個人的能力有限，要照顧好自己已經夠難，還得照顧老公老婆、照顧孩子，照顧父母、老公的父母，照顧朋友，取悅老闆，和同事社交。甚至得在意臉書上的「觀眾」眼光。人生真的好累，應付所有人，最後累的是自己，一般人還沒結婚就先累到對世界失望了。在丈夫和婆婆的那兩堂課裡，受傷的就是嫁進家裡的女孩了。

可我想問，

一天只有二十四小時，都在照顧別人、迎合別人，

什麼時候才要整理自己？

　　我認為人的時間有限、心力有限，能付出的也有限：「唯有自己優先把自己照顧好，當有餘力時，才來照顧身邊最重要的那一個人，這樣才能活得平衡。」至於那個你唯一該照顧的是誰？我認為是自己的另一半——婚前叫做男女朋友，婚後叫做老公老婆。

　　你會問，老公如果只能把我當作優先，那他媽媽怎麼辦？廢話，媽媽是爸爸的責任啊！那如果爸爸死了呢？一樣廢話，媽媽要再找新老公啊……這是媽媽自己的課題，兒子可以陪她解，但不能成為她的解答。因為兒子有自己的人生，兒子若牽絆媽媽一輩子，當媽媽離世以後，兒子怎麼辦？真的愛彼此，得讓彼此去找各自的幸福。

人活在這世界上，優先順序最重要。事情有輕重緩急，感情有優先順序。我鼓勵所有人都該自私。只有自私，切割感情，人與人的關係才能清晰。

　　最理想的人際關係優先順序如下：

順序一　自己／另一半
順序二　兒女／手足／父母／摯友
順序三　老公的母親／同事／老闆／親戚
順序四　普通朋友／不熟的親戚／老婆的閨蜜
順序五　叫不出名字的朋友／網友

　　當此優先順序成立，老公跟兄弟出去玩到深夜未歸時，就得尊重老婆的感受；老公在媽媽和老婆之間的選擇，就該照顧老婆的心情；老公與老婆閨蜜的距離，就該拿捏得適可而止，而不是跨越界線到第二順位，進而不小心破壞規則……成為小三。如此邏輯，你只需要維繫好順序一至三，這些為數不多但至關重要的人們。其中，最需要呵

護的，只有一個人，就是你的另一半。

　　而在順序四、五中，人數越來越多，幾乎名字都叫不出來，你根本不需要在乎他們的評價。把界線定義清楚，被討厭的勇氣也由此而生，他們的一言一行，根本傷害不了你。

　　看到這裡，是不是鬆了一口氣？那些傷害你的、讓你倍感壓力的、妄想透過精神施暴殺死你的、對你冷暴力的，都不重要了。此生只要照顧好自己的「身心靈健全」，並讓完整的自己，遇上另一個也完整的人。

　　其他人的人生，與你關係不大。

　　這位「被指控殺人」的婆婆，唯一可以託付的是自己與另一半。不是期望兒子的供養，或要求媳婦的伺候，而是愛得適可而止。那些多出來的愛，先愛自己，再愛到另一半身上。

　　不要太愛兒子，因為兒子終究會遇見另一位女孩相

愛，更不要因為愛而控制兒子，或侵犯兒子的老婆。

　　這位兒子，沒有把自己老婆照顧好，可惜了。

　　這位辛苦的媳婦，辛苦妳了。

　　願那些釐不清的關係、不清晰的責任，都終將被溫柔、理性對待。而人生走過三分之一，人終將找到一條通往幸福的路，才算是珍惜了曾經呵護過你的人，對得起他們的付出。

14

你對自己好一點，
我才能多愛你一點。

天下的母親想以慈愛統御著早已離家的兒女
有誰能夠享受母親比幼時的撫愛更為溫婉的妒意？
在那犧牲自己也犧牲別人
那犧牲別人也犧牲自己的慈愛中。
你不經意撒下的有多少歡樂就會有多少災難。

—— 出自郭松棻《奔跑的母親》

在選擇離鄉背井以後，我感受到母親加倍之關愛。在離家的那趟車程裡，母親硬是親自開車載我離開，硬是送到機場，硬是想搭上幾句送別的話：「要記得注意安全、要小心台北很複雜、要記得吃飯、沒事要喝水、到了要跟我說。」人總是在感受到原先擁有的感情即將被剝奪時，越感害怕，抓得越緊，而人與人之間的親密，卻總是上演著「當你越是抓緊，它越是抓不住」的宿命。

「好啦，不要講了。」我一句話止住母親煩人的嘴，其實我想止住的是我面對離家的難過，是我面對未知將來的惶恐，是我離別的不捨。多重迷惘的情緒裡，一句好啦不要講了，是我給母親的回答。

而當空氣凝結以後，我呼吸到她的關心，在無聲的車廂駕駛座內，從內循環之冷氣裡溢出，從她避開我的視線後默默擦掉的眼淚裡溢出。「我似乎要失去一個兒子了……」這是她沒說出口的，兒子離家時，媽媽的心情。

小時候我寫了作文題目「我的媽媽」——我的媽媽有

一個老公，四個孩子，她早上六點起床弄早餐，叫我們起床，然後七點半匆匆去上班，下午五點半下班買菜，回家做晚餐，八點因為洗碗而錯過她最愛的韓劇，九點跟我一起看電視，她看電視很不專心，九點半就會睡著。好煩，我要負責關燈。

18 歲以後，我與媽媽的未來，在我離家以後，不再是一起躺在床上追劇，不再是早晨六點起床準備我們的早餐，不再是做菜很難吃被我嫌到生氣。而是照三餐的關心電話，睡前再一通晚安。

若我重新寫一次作文題目「我的媽媽」──我的媽媽，有一個像風一樣自由的老公，不一定會回家。她還有四個孩子，同時離鄉背井，當我們四個孩子成年後搭上飛機，媽媽花上二十年辛苦建構的家，只剩下她自己了。與媽媽隔著手機的日子，我越長越大，看的世界更廣，漸漸成為我自己。十年後，我成為我的名字「黃山料」；而媽媽失去了自己的名字，她被稱作「山料媽媽」。

媽媽依然待在我們一起長大的家，她的世界很小，小到只有我們一家六人，小到只有一棟在小小村莊裡的房子，小到做同一份工作二十八年不加薪也無所謂。她與世無爭，只願此生照顧好一家人。媽媽的世界，小到容不下自己，把自己的全部都犧牲給我們。

—

晚安的電話，
每多一通，我的人生就往前多走一步。
我長大了，我改變了，
媽媽卻從未改變。

—

　　她記得我最愛吃番茄炒蛋，只要有這道菜，我能吃三碗飯。她記得我每天的執著是一定得跟她說聲晚安，即使她已經昏睡，也會被我的一聲晚安吵醒。她記得我那麼需要她，她記得我是她的兒子。

據說女人的青春時光很珍貴，但女人成為媽媽以後，時間不再珍貴。媽媽把人生大把時間花在「等待」，等待自由的老公飯局結束趕快回家，等待孩子歸來。等待的日子，經常過得特別慢，慢慢數著時間，暑假快來，寒假快來。孩子，能不能多一點時間回來？

　　媽媽的粗心是把心都掛念著孩子，卻從未意識到自己正在衰老，而當我們再次見到她時，她已經老到讓人心痛的地步。我們才知道，我們錯過了許多。

　　媽媽的四個孩子，其中三個在離家漂泊多年以後，皆選擇回家，這是媽媽最慶幸的快樂，而我是唯一一個繼續漂流在外的。其實媽媽的等待裡，媽媽知道：「會回來的人，總會找到辦法回來；不回來的人，你深深知道——不該等。」而我就是那個「不該等的兒子」。

　　因為等不到的感覺，非常心痛。

我們像所有聚散如常的關係一樣，我漸漸消失在媽媽失去的青春裡。第一年，我兒時的房間久未使用，變成了客房。第二年，我談論的話題不再是家鄉的事，而是台北的事，媽媽聽不懂了。第三年，我與媽媽不常碰面，幾乎無話可說了。我們的世界，只剩下一則早安訊息，和天冷多穿衣服，天熱要預防中暑。不小心地，成了最熟悉的陌生人。

　　十年以後，在一次專訪裡，被問到我與家人的關係。
　　我回答：「我一直在想，一直在想，我是不是在 18 歲離開家的那一年，就不小心把家丟掉了？」說完眼淚掉了下來。原來我並不是討厭媽媽而不聯絡她，我只是在長大以後，離開家太久，拚命生存在繁忙的大城市，想扎根，想停止漂泊，想擁有屬於自己的成就，想實踐自我價值。忙著忙著，看著許多人被淘汰了，許多夢想被放棄了，許多眼淚流乾了，剩下自己還撐著，撐到終於有了穩定收入以後，十年已經過了。但，不小心地，我忘記了家的味道。我嚮往著，卻不知如何擁有了。

而媽媽，也被困進了回憶裡。

這十年的空白，要怎麼拼湊與重來？

———

成年人就是忙，

忙著應付生活，忙著找尋自我，

忙著工作，忙著承擔，忙到忘了自己從哪裡來，

忘了自己原先的氣味，而沾染了都市的氣息。

———

我在離開家鄉滿十年的這年，五月三日，我生日這天，我不再頑固於在台北拚搏一份夢想，我不再認為自己忙到沒辦法空出一個星期的假期，我決定回家一趟，和家人待在一塊。

飛往家鄉金門的飛機從松山機場出發，飛機還沒降落，家鄉最高檔的餐廳已備妥材料，客廳桌上已擺了一盤削皮切塊的奇異果準備供我享用，各式高檔食材已塞滿冰

箱，一鍋藥燉排骨在我抵達家門當下，必須飲下。

「爸媽花了一整天燉的，很好喝喔！很補。」第一天的藥燉排骨還在冰箱，第二天的烏骨雞湯接著送達，這幾乎是常人得花上一個星期才能消化的量，我不可能一整個禮拜天天都喝雞湯吧？

辛苦過的老人，他們習慣活在辛苦的輪迴裡，就是不斷藉由付出，來換得自己想要的幸福。可人與人之間關係運作的真理是：**幸福不一定是換來的，付出也不一定會有回報**。想藉由自己對他人的好，來換得對方的珍惜與疼愛，期待經常會落空，也無意間增添了對方的負擔。

「我的湯你不喝，那我自己喝！哼！」媽媽捧著雞湯帶著任性口吻並鬧了一句小脾氣。我知道她受傷了，她甚至沒意識到自己因為好意被拒絕而難過。其實我真的可以勉強自己連續七天都喝雞湯，可我若勉強一次，就將不舒服的感受積在心裡一次。每一次，一丁點又一丁點地累積不滿，直到再也無法承受的那一天，我就抗拒與父母的來往了。關係就此漸漸斷裂。

老人家對你的好，真的是好意。他們從未想過傷害你。但善良者的無心傷人，以善良包裝的傷害，才是最令人懼怕的，因為你將沒有資格讓自己不被傷害，當你保護自己而反抗，反而成為壞人，因為對方是好意，即使傷害你，你也應該承擔。你的承擔，將縱容他們，繼續以善意之名，施壓於你。

　　而親子關係，就在沒人敢當壞人，沒人敢畫出界線、說出殘忍真相的時候，一次又一次地將不再親密。我們擁有的，只剩下缺乏溝通造成的世代之間互不諒解而已。

　　網路上有句佚名的經典語錄：「媽媽們都有個通病，只要你說了哪樣菜好吃，她們就會頻繁煮那道菜，直到你厭煩埋怨為止。其實她這輩子，就是拚命把你覺得好的給你，都給你，愛得不知所措了而已。」

　　確實如此，老人家的生命迴圈裡，總習慣拚命對你好，把自己認為最好的，全都給你，直到你再也不能承受為止，但此刻已來不及，他們的好意變成了傷害。

這一次，我邀請了媽媽上節目與我一起錄影，主題是：
「媽媽，請妳少愛我一點」，副標題：「媽媽必經的遺憾：
兒子不會永遠是妳的兒子」。

　　與媽媽之間，被偷走的那十年，
　　接下來，必須從這裡開始。

15

愛很簡單，
只是不再讓你孤單。

媽媽期望的幸福非常單純
不過是見孩子一面
和孩子聊聊天，陪孩子生活而已。
而我卻在看見媽媽的幸福時
才驚覺自己過往對愛的吝嗇
—— 我從來都只把注意力放在自己身上。

她要的幸福非常簡單，卻從未好好被實現。

早上媽媽傳訊息來：「山料，最近常常過去看你，但都沒見到你，怎麼都躲在房間？」我回了：「新書要出版了，最近比較忙。」

　　媽媽已讀了很久，對話框跳動著「正在輸入中……」

　　待在對話視窗裡等媽媽回訊息的我，隨口嫌了一句：「妳打字好慢！」再補充一句：「還一堆錯字哈哈！」順便笑笑她。

　　而媽媽總說手機太小了，很難打字。

　　媽媽先是小小抱怨了幾句，內容大概是這兩週內來探望我五次，每次都撲空，我窩在房間裡，而她不好意思敲房門。於是媽媽帶了一些水果放冰箱，只說了：「兒子很忙，不要打擾他。」

　　後來，訊息裡是看似例行性的關心：「兒子，照顧好身體。」而我回答都有去游泳，很健康！但接下來的消息，卻是我從未料想到的……

　　「你們要保重身體喔，媽媽眼睛快看不到了，下禮拜要去台大醫院治療。你們如果有一點點不舒服，要儘快看醫生。」

眼睛怎麼了？

妳一個人去嗎？

妳住哪裡？

我陪妳去吧？

　　四條問句接連傳送出去，握著手機的雙手開始發抖，才發現眼淚已經著急地掉了下來。驚覺媽媽在我拚命追求自我實踐的日子裡，一天一天老去。

　　她回覆的訊息與我之間，隔著一層眼淚：

視網膜萎縮。

我自己搭飛機去。

也自己訂了飯店。

你又不在台北，那麼忙，別特地跑一趟。

———

媽媽面對恐懼時總是格外堅強，
她不願麻煩別人，盡量靠自己，
她很勇敢，卻令人心疼。

———

　　我知道媽媽不想成為孩子的負擔。所以我說沒關係，
我正好要去出版社開會，可以陪妳去。而媽媽的訊息瞬間
雀躍起來，她說：「好！好棒！開心！」

　　給了我一個剛剛不曾出現的笑臉符號 ☺

　　這個符號，代表媽媽幸福。

　　我卻因為這個幸福笑臉，瞬間萬分慚愧。

　　媽媽期望的幸福非常單純，不過是見孩子一面，和孩
子聊聊天，陪孩子生活而已。而我卻在看見媽媽的幸福時，
才驚覺自己過往對愛的吝嗇——我從來都只把注意力放在
我自己身上。

她要的幸福非常簡單，卻從未好好被實現。

我心裡回轉著懊悔，早在多年前聽見媽媽說過自己視力不好，卻從未拖著她及早治療。細數自己的慚愧，此刻才明白，媽媽那些錯字、那些回覆很慢的訊息，除了手機螢幕太小之外，是媽媽的眼睛已經不好了。

即使打字很吃力，她也從不希望打電話，

就怕叨擾了已經長大的孩子。

「媽媽，不要再打字了。妳按視窗右邊，有一個麥克風，可以傳語音訊息，妳用說的，才不會傷眼睛。」我說。

她模糊的視力，敲下的每一條訊息，

都為了與孩子有更多的相處機會。

媽媽接著傳來許多零碎的短秒數語音訊息，像是在練習。語氣中沒有恐懼，只有與兒子說話的幸福與雀躍。

此刻我看著靜置在冰箱的水果，已切塊削皮，擺放得很安靜，我知道，那不只是水果，而是一份不打擾的溫柔。

我的媽媽就是這樣，不喜歡給人添麻煩。

她原本想一個人搭飛機，一個人找旅館，一個人去醫院。她就是這麼溫暖的媽媽，她只願自己足夠堅強，不帶給孩子負擔。

　　後來的後來，我才知道，其實媽媽也會害怕，害怕自己失明，害怕看不見兒子。而即使她害怕，她也從未將自己的恐懼鬧成脾氣，從未讓他人承擔她的眼淚。只是留下水果，無聲地告訴兒子：工作加油，媽媽愛你。

　　謝謝媽媽。

　　妳的堅強，是孩子們最幸福的事。我們的日子之所以歲月靜好，都歸功於妳的負重前行。

　　媽媽，妳看似渺小卻又偉大，一份工作做了將近三十年，自己打理好生活，賺錢養活自己。總是擔心孩子太累，於是妳不曾把自己的人生加諸在孩子身上。

—

妳只會不斷默默出現在我們的生活環境裡，
不打擾，靜靜待著，
只願能多看我們一眼，直到再也看不見之前……

—

　　我想起媽媽年輕時愛聽劉若英的歌，其中一首〈成
全〉，成全丈夫的瀟灑與冒險，成全女兒追求自我人生實
踐，成全兒子嚮往自由的碧海藍天。

　　而無人為她成全。

　　我再傳訊息過去：「媽媽，今天身體有不舒服嗎？眼
睛還好嗎？如果看不清楚，就別去上班了。過來一起住，
一起聊天吧！」

　　但媽媽說，她想和爸爸一起待著。

　　爸爸最近都會做菜給她吃，她很幸福。

　　她真的幸福洋溢。

在媽媽的幸福裡，

我才知道，陪伴，便是最珍貴的禮物。

我們無法預料此生將遇見什麼風雨，

只願你不必再獨自經歷。

愛一個人很簡單，

只要能做到不再讓他孤單。

山料與媽媽

16

山料聊聊
vs.
小燈泡媽媽

相愛不求一生相陪，
只願無悔。

比起害怕死亡，更令人害怕的是「後悔」。
許多人對死亡避之唯恐不及
但它其實每天都可能會發生。
最可怕的不是死亡
是那些錯過的，沒被珍惜的日常。
不怕死，只怕沒有好好活過。

我們沒辦法阻止死亡，只能努力不留下遺憾。

五年前，一場街頭隨機殺人案，凶手於台北街頭隨意挑選一位騎樓下的女童，當眾將女童頭顱砍下。而親眼見證凶案現場的，是女童的母親——小燈泡媽媽。

　　女兒過世五年了，新聞不再報導，群眾不再關注。曾經萬人哀悼，忿忿不平，回歸日常以後，失去至親的傷痛，只剩媽媽獨自承受。那次的受害者記者會，小燈泡媽媽沒有掉眼淚，而是邏輯清晰地陳述案發經過，向大眾媒體交代，之後，社會大眾將她貼上冷血母親的標籤。

　　沒有人真正知道，她在媒體記者前的冷靜和理性是什麼意思。五年過去了，小燈泡媽媽失去女兒以後，過著什麼樣的生活？

　　小燈泡媽媽回想 20 歲的夢想，20 歲的她，是一位努力的女孩，任何工作交到她手上，都能縝密執行。在眾人眼裡工作表現優異，讀名校、進知名企業上班，這些世俗的光環，她都撐得起，也親手做到。卻深知這些光環，並不是她的夢想，她唯一嚮往的是辭掉工作，當一個「全職

媽媽」，生四個孩子，過好一家六口的生活就是幸福。她不求功成名就，只願自己成為孩子的支柱，擁有一個溫暖的家。

　　職場一路順遂後，她與老公相遇，順利照著自己夢寐以求的生活前進，她辭掉高薪工作，陸續生下四個孩子，此生滿足。年輕時，她的名字叫做「王婉諭」；生下孩子以後，她失去了名字，成為「誰誰誰的媽媽」。

　　直到隨機殺人案發生後，她的夢想破滅了。她曾把一生奉獻給家庭的圓滿，卻失去了摯愛的女兒，幸福的模樣將永遠殘缺，或是說，再也不可能幸福了。新聞媒體和社會大眾稱呼她「小燈泡媽媽」時，她就註定此生擺脫不了女兒過世的夢魘，因為自己沒有名字，自己的名字，是過世女兒的名字之衍生。

　　多年過後，傷痛不會痊癒，女兒死亡的事實，是生活，它依然每天縈繞媽媽的人生。她試著找回對家庭單純的愛，對孩子純粹的關懷，想如從前一樣全職照顧孩子，卻怎麼樣也無法放下女兒逝去的傷痛。「我可能再也無法全

心全意當個家庭主婦了。」她說。

　　後來，這位全職媽媽放棄自己過去四十年來的「全職媽媽夢想」，選擇從政，她說：「只有從社會制度上的根本改變，我才有可能重新對這個世界抱有熱忱。」在女兒凶案發生時，她對社會是失望的，而她想重新找回社會的希望，「既然我無法治癒自己的傷痛，至少，我可以努力，不再讓社會上任何一位母親，經歷和我一樣的傷痛。」

　　人真的很脆弱，一道傷痕，得花一生來彌補。

　　小燈泡媽媽順利當選立法委員，她致力於改革台灣的各項法案，讓孩子能安全成長，讓父母能安心將孩子託付給這個社會。去年母親節，我們做了一則專訪〈小燈泡媽媽，失去女兒的母親節〉，她說了年輕的夢想和悲痛的過往，談家庭生活的改變，聊了未來的理想和政治藍圖。

　　和小燈泡媽媽聊了幾個小時，我才知道，原來她被貼上的冷血標籤，其實不是冷血，是逞強。是當她二十多歲

那年，選擇把扛起一個家當作自己人生志向後，就註定該比任何人都堅強；是她身為媽媽，沒有脆弱的權力；是她身為孩子的支柱，沒有倒下的資格，只有繼續逞強一途。成為孩子的天，是媽媽唯一的路。

即使眼淚在流，也得堅持把該完成的工作做好；即使回想過往再痛，也得重複說上幾百次自己的從政理念。這條路這樣辛苦，為什麼偏偏還走？

「因為我是媽媽。」

/ / /

寫下小燈泡媽媽這篇文章時，正逢演藝圈的大姊姊「羅姊」過世。羅姊被發現時，獨自一個人陳屍家中，得年 59 歲，獨居且高齡單身，加上女強人的人設，她的死亡被記者定義為：「孤獨死」，文字中描述單身老死的可憐。

我不覺得東區羅姊可憐。

59 歲單身一個人孤獨老死，是可憐嗎？單身、未婚、獨居……大齡單身者的標籤，大概就是太難搞、花心、可憐、活該孤獨。那年我 16 歲，窩在床上看談話性節目，此生初見羅姊在電視上分享愛情觀，內容很長但總結下來大概是：「我喜歡年輕小男生，小男生因為有錢才靠近我；喜歡夜店，因為在夜店有錢就有自信；不喜歡結婚，因為沒有人配得上我。錢比男人可靠。」當時我很震撼。

　　陪我一起看這談話節目的，是我媽媽。我媽的愛情觀，大概是嫁了一個男人，一輩子都要跟著他，不管受到多少委屈、多少辛苦，或背叛，只要是家人，就不可以放手。所以媽媽有爸爸，有兒女，有家庭。但幸福嗎？

　　先說東區羅姊，自我意識強、目標明確、好惡分明、外在條件優，有自信且在意形象的人，在關係裡是不容易的。與另一個人磨合，通常是很痛苦的過程，得磨去自己的尖銳、捨棄太自我的部分、配合對方的喜好、照顧對方情緒、承擔背叛、接受委屈。放下眾星拱月的爽感，丟掉

自己身為漂亮女孩的形象，成為一個賢良又操勞的阿姨。

在意形象的人，最害怕的，大概就是被同情吧。所以再慘，也要拿出最自信的樣子面對大家。如果自信夠強大，就不用怕別人的眼光。所以東區羅姊身為女人，59歲獨居單身，被貼上諸多負面標籤，卻出奇地擁有極高自信。

來試試看一個假設，假設此生最重要的是快樂，若獨自生活比兩人生活來得愉悅自在，那為何要進入一段感情？為何要為婚姻磨合？為何要生孩子來疲憊自己？像我媽媽這樣傳統典型的女人，是幸福的，但一路上許多時候是辛苦的。她得服侍丈夫，照顧孩子，所有的錢都花在經營一個家，輪到為自己花錢的時候，總是一個念頭閃過，決定留給孩子當學費。

一直對別人好，什麼時候才要對自己好？

已逝的東區羅姊是懂得為自己好的女人，她說：「房地產比男人可靠！」錢是萬能的，幸福不一定和錢畫上等

號，但錢可以買到快樂，年輕小男生因為錢而靠近自己。
她說：「我要找個一起玩樂的男人，而不是老伴。不然臨
老之時，一個中風，另一個倒下。」

　　對某些人來說，相處很難，寧願一個人生活，比較快
樂。不婚或獨居單身，不過是選擇了不同的生活方式。

　　東區羅姊、小燈泡媽媽、我的媽媽，三個女人各自選
了三條截然不同的路。愛情或人生裡，無論單身或結婚，
永遠不會有一條路「只有快樂」。只要是自己選的，不要
後悔，再崎嶇的路，都要把它走成好的。

17

在我們的好日子裡，
天長地久。

一輩子很長
長到讓你忘了當初你出發的理由
一場都市給你的虛無夢想
比不上家鄉的樸實無華。

一輩子很短
短到你沒有時間去迷惘與流浪
短到你必須待在你愛的人身邊
去珍惜當下。

離開家十年，擁有了許多新的朋友，新的交友圈，一群懂我的同溫層，卻經常依然孤獨，孤獨不是沒有人陪，而是心裡總有一份空白。那份空白，是我將悲傷的過往拋棄，也不小心將自己拋棄，只為了迴避曾經受傷的情緒。以為將難過情緒置之不理，時間會解決一切。其實不會，時間只會讓難過埋進更深的心裡，待某一天你脆弱的時候，它將你扯進無盡的悲傷裡。

　　/ / /

　　與家人分開十年以後，再次與妹妹見面。我的妹妹告訴我，她從別人口中聽到對於黃山料的誇讚：「黃山料是她哥哥嗎？他好棒，好羨慕她有這個哥哥。」妹妹的思緒卻混亂了，別人讚美的那個黃山料，是我哥哥嗎？還是，就只是……黃山料？為什麼別人比我更了解我的哥哥？我們是家人，我心中最親近的家人，卻距離好遠。

　　那次與妹妹搭上飛機回家，當飛機即將降落在我的家鄉金門，我從觀景窗往下望，金門這塊島嶼，有樹林與農

地，有即將入夜的羊腸小徑，與樹影下路燈亮起，車輛緩慢在夕陽下前行。我回頭看了她，我說：「這是我們長大的土地。」我與妹妹的眼淚一起掉了下來。

—

好像不論受了多少挫折，
只要降落在這裡，
這塊土地總能溫柔接納我們。
我們好愛這裡，好愛金門，好愛我們的家。

—

那年妹妹離開家，念了知名的國立大學，考上優秀學生都嚮往的前三志願。她卻在考上大學以後迷失了自己，她不願意再藉由拚命讀書換得一個機會，她只想去尋找她真正想要的人生是什麼。

於是她打工賺錢，買自己想要的名牌球鞋，卻快樂不起來。她與朋友們暢遊台北，她去喝酒，她熱愛喝酒熱愛

到去了酒吧打工，為了省酒錢，也為了尋找目標。可即使做喜歡的工作，有喜歡的朋友，卻還是無法在台北這座生活六年的都市擁有歸屬感。她打工的時候，大學延畢了；她喝酒的時候，日子一年一年過了；她摸索未來的時候，與交往七年的青梅竹馬男友分手了。

在我與妹妹分別去尋找自己要的人生時，後來我才知道，妹妹在辛苦北漂以後，選擇回家了。她在金門與弟弟一起經營民宿「白貓民宿」，名字由來是她養了五年的貓。她自己開了甜點店「白貓甜點」，她不再沉溺在台北的眾多朋友裡，也不再奢望在熱鬧的酒局裡找到一份歸屬感。

妹妹說：「在台北我每天遇到不同的人，結識千奇百怪的朋友，非常有趣。我擁有很多火花，我遇到愛情，遇到摯友，可我後來發現都市裡的澎湃，不是我想要的。我的家鄉其實很小，每天早晨醒來，你看見的人都一樣，不會有變化。或許一成不變的，才叫做生活。」

―

在都市的生活，我擁有很多，卻也失去很多。
在家鄉生活，平淡樸素，
擁有得很少，卻都是我想要的。

―

　　過了 25 歲，該破滅的夢想都破滅了，該探索的繁華世界也走過了，有沒有想過十年後的你會在哪裡？如果終點在家裡，要不要直接先到終點看一看？後來妹妹告訴我：「一輩子就是這樣短，短到我只想待在我愛的人身邊，那些愛人，就是家人。」

　　我知道，妹妹的人生觀裡，她有本事擁有很多，但她也有本事選擇不要。她知道，世俗的成功對她沒有吸引力，與其擁有所有別人夢寐以求的，不如只擁有一個自己真正想要的。

　　我才知道，這是她面對 30 歲的辦法，回家不一定等於犧牲夢想，家也可以是讓你實踐幸福的地方。而她的甜點

店，也湊巧成為我與家鄉重新連結的橋樑，也就是我寫下這本書的地方。

　　飛機降落以後，十五分鐘的車程，開進只有一輛車能通行的村莊小路，經過五座公車亭，一所小學，三個村落，穿越一片傳統古厝後，白貓民宿與白貓甜點佇立在一片田野之中，一條產業道路旁。

　　周遭土地貧瘠，作物老是長不好，因為靠海風大，樹也長不高。當年初次抵達時，沒有路燈，無法架設網路基地台，一到夜晚，手機沒有訊號，一片漆黑。妹妹拜託里長幫忙，求了好久，才終於架設。最近的便利商店，步行距離三十分鐘，也因此非常寧靜。逃離了都市的壓迫，才擁有生活。

　　妹妹在後門蓋了一間簡易的烘焙廚房，自行研發甜點。她認識一位追隨男友來到金門卻突然分手的女孩，並讓女孩成為甜點屋的一員，民宿空出一間房間讓她居住，她們一起創造出全台灣只有在這裡才能吃到的口味。

有趣的是，即使身處荒野之中，也讓甜點店大排長龍，而她們累到決定只營業週末兩天，給自己多一些生活的空間。畢竟，在這塊幸福的土地上，人沒有太多物欲，錢只要夠用，真的就夠了。

　　甜點店的二樓，是弟弟經營的「白貓民宿」，有他親手漆的油漆，有親自釘的櫃子，有他親手換的床單，親養的「黑灰白三隻小貓」。他說因為老大是白貓，所以白貓當作民宿名字，但黑貓常常想當哥哥，所以兩貓常吵架，這是弟弟最近最心煩的事。

　　在大都市拚搏的日子，每個人只專注在自己的事情上，人人自顧不暇，能把自己照顧好，已是最大的本事。而在我的家鄉，除了個人目標以外，我們更關心的，是貓咪吃飯了沒？院子裡的樹多久沒喝水了？貓咪出去玩了一整天不回家，凌晨全家人繞了整座村子找。

　　長大以後，我們試著理解商業社會的規則，習慣人情世故的複雜，在台北的資本主義系統裡生活十年的我，非常好奇，弟弟的一天是如何發生？我試著與他生活一日，

才發現弟弟的珍貴以及與眾不同。

　　弟弟每天約莫七點起床，幫民宿客人買早餐，這是他一天中最重要的事，早餐如果吃得快樂，一整天都能快樂，來金門旅遊的客人，就會有愉快的旅行回憶。弟弟在乎來借宿的大學生有沒有睡好？弟弟在乎昨天房客的熱水夠不夠？弟弟擔心小狗今天弄壞了鄰居田裡的作物。弟弟看見我們家的三隻貓咪跑到鄰居休耕的田地尿尿，對著貓咪大叫：「整片田地都是我們的貓砂盆。」弟弟在夕陽下，追著不想回家的貓咪四處奔跑。

　　弟弟的民宿總是賺不到錢，因為他無法狠心跟房東殺價，即使知道房東刻意把租金開得比行情貴了兩倍，於是這棟建築物的租金非常高。弟弟經營民宿的善意，是發現客人前一晚住得不舒服，趕緊開車到機場，把住宿費退給即將搭飛機離開的客人，並說聲抱歉。弟弟的手機相簿與社群軟體，全是貓咪的照片。他的一天，除了親自搬磚頭搭砌庭院圍籬，也會鋸木頭自製板凳，他會扛著十五袋垃圾在每個禮拜一追逐垃圾車。他會抽著菸，躺在水泥地上，看著深夜的天空，跟我說：「哥，今天星星很多！」他說

他是貓咪們的哥哥，貓咪想住在金門，想在大草地上奔跑，所以他也離不開金門。我的弟弟，就是如此善良之人。

弟弟的房間，是好兄弟們隨時來了，累了可以隨時睡下，完全不需要經過弟弟的同意。他將自己的私生活，與身邊的摯友共享。他從不計較界線，不計算得失。只在乎與大家的感情還維繫著，每年即將結束時，我們回首，知道彼此都還是摯友，那就是最棒的了。

在弟弟經營的民宿裡，我們把自己的生命留給身邊的人，而不是整個人生裡只有自己與自己的利益。

時間，對於被資本主義馴化的都市人而言，是最短時間內做最有效率的事，時間才能發揮最大價值，人人都急，都迫切於精準達到績效指標。

而在弟弟的時間規則裡，他不追求任何成就；時間，只留給一棟房子，三隻貓，一群夥伴。

———

即使是發呆，只要身邊是對的人、對的貓，
那就是最值得的時間使用方式。
這是他的時間觀裡，時間最大的效用。

———

　　我的弟弟很幸福，不把人生的每一步都算得太清楚的
人，才真正幸福。

　　今年農曆新年，我們換了新衣服，洗好澡，一家人準
備與一年只見一次面的陌生親戚們吃飯。原本睡在弟弟房
間的摯友，見我們即將去吃年夜飯，於是收拾東西準備離
開。我問了一題：「為什麼每逢過年，我們總要把自己打
扮好，跟陌生的親戚吃飯？這頓飯局的意義是什麼？」
　　弟弟的摯友說他不想打擾我們家族聚會，打算先離
開。我回答他：「我認為我們應該跟你吃飯，跟家裡的小
狗吃飯，跟三隻貓咪吃飯，跟借宿的大學生吃飯，跟弟弟

的女朋友吃飯。而不是跟有血緣關係，卻互不相識的陌生親戚聚餐。」

　　最後，我們依然按照長輩的希望，去吃了一頓氣氛非常沉默、彼此沒有話題、不記得名字，因習俗而共聚的晚餐。聽著遠房親戚問著每年重複的問題：「結婚了沒？長那麼帥怎麼沒有女朋友？幾歲了？叫什麼名字？」我們應付完畢以後，回到民宿，為真正的家人裝了一碗好吃的貓食，寫一張代表家的春聯──貓肥家潤。這才是家，白貓民宿，是我們如此特殊，卻又平凡的一個家。

　　有血緣關係的，不一定是家人。

　　心繫在一起的，才是。

　　不論你們是否有血緣關係。

　　在弟弟的白貓民宿，他讓我明白了家的定義

　　──有你們在的地方，就是我的家。

　　這個「我們的家」，只要緣分來了，隨時都有可能再有新的家庭成員加入。同樣的，他並不一定有血緣關係，只要我們用力互相珍惜，不放手的，就是一家人。

18

我在一個人的好日子裡，

等待愛情。

兩人相愛相惜之間
有一種「不適合」，是再多的愛，也填補不來。
有些愛，再努力，也必然分開。

人與人之間的分別
經常難以一句話說清楚必須分開的原因。

有一位在金門長大的兄弟，與遠在台北的女友交往九年，三年遠距離戀愛後，女友從台灣本島搬到離島金門與兄弟同居，租了一層公寓，朝共同的理想前進。雙方收入每年穩定增加，各自在職場上不斷往上爬。為了有兩人夢寐以求的家，他們拚命努力，要在金門這小島上買下一間房子，買下他們共同的夢想。

　　第九年，兩人都29歲，穩定平靜的感情，幾乎無波瀾，鮮少甜言蜜語，多的是日常裡無聲的貼心。九年的愛情成了這樣：男方從不說謊，從無隱瞞，因為他即使不說話，女方也能讀出他想法、推算出他的行蹤。女方從不向男生勒索任何垂憐與關愛，她理解男方愛她的方式，愛不一定是言語，也可能僅僅是安靜的陪伴而已，女方也在這段關係裡泰然自若。

　　一如往常的週末午後，他們賴在陽台一起曬太陽，男生玩手機遊戲，女生讀著書。女生慵懶地躺在男生大腿上，她翻書，有紙張摩擦的聲音，有鳥叫聲，鳥兒成群飛遠，他們呼吸秋天的味道。此刻他們非常平靜，並做了一

個決定——他們決定分開。毫無任何爭吵，不需太多解釋。只有女生一句：「我有個機會調職到台北，加薪百分之五十，還有更高的業績獎金，是我想要的職位，我想要去。我知道你沒有辦法接受我們分隔兩地，你也不想到台北生活。所以我們還是分開吧。」然後男生一句：「好。」

這個晚上睡前女生安靜掉了眼淚。接下來的兩個月，他們如常地在睡前親吻，誰先起床就幫另一方擠牙膏，出門前總有擁抱。他們重複循環日常，就是珍惜彼此的方法，直到兩個月後男生送女生到機場，才忍不住掉了眼淚。

女生離開以後，至今一年多，這位兄弟與我在海邊散步，我好像不小心成了他與女友分開之後的替代品。下班後的時間，他不再窩在他們的家，而是和兄弟們四處走走。這天他說了他們分開的理由：

「她有想要的未來要追，我也想留在我長大的故鄉發展，我們的未來不同，誰也不想因為誰而犧牲委屈自己。

有些分開，不是不愛，而是太愛了。

有些放手，是因為我很愛你，所以尊重你的選擇。」

我想了一下，問他：「有一種放手，是把『尊重對方的選擇』當作託辭，其實根本是不愛了。如果真的愛，當然緊緊抓住，稍微鬆開都捨不得，哪還會放手？你覺得呢？」

　　兄弟說：「緊緊抓住就是愛嗎？我當然很想占有她，但若她在我要的生活裡生活，卻感到不快樂，那不是我想見到的。」

　　確實，若是因為另一半而遷就自己的嚮往，某天，當你後悔當初的選擇，你會責怪另一半。所以即使相愛，也必須分開，尊重對方選擇的未來。相愛的兩人，必須各自照顧好自己，不強迫彼此，即使最終選擇分開，你我心中，依然有一個位置是彼此。

　　分開以後，有一種關於愛的紀念，不是你送的昂貴禮物，不是我們的對錶對戒，而是你在我身上帶來的改變，這些改變，都是我們愛過的證明。而我帶著你的痕跡，繼續好好生活——謝謝你，我成為更好的自己。

最後兄弟說：「分開一年多，我們每天都會通電話，我們會陪著彼此，直到對方找到相伴到老的另一半為止。我必須承認，當我知道她有新的感情，我也會難過，但還是希望她過得好。打從心底，想要她比我幸福。」

—

最深情的愛，不是緊緊抓住對方，不是控制或占有；
而是不再從對方身上掠奪任何愛意，或索求任何關心。
付出不為換得什麼，只願看見你幸福；
也尊重你的選擇，即使你的選擇不是我。

—

和兄弟聊完後，我經常想起他們這份無私的愛，只願對方快樂的愛。並非白頭偕老才叫做愛，並非結婚生子才是愛，並非有情緒高張力才代表愛。每當想起，便能理解，真愛的模樣是很安靜的，是可以包容與尊重的。

說到愛裡的包容與尊重、付出與回報，我們都很有可能，不小心成為帶給心愛之人壓力的那一個。

　　小時候我問了媽媽，媽媽妳的手怎麼那麼粗？媽媽說：「還不是為了養大你們，洗碗拖地做家事。生你們這些小孩喔……長大不要讓我後悔。」媽媽一邊付出一邊嘆息。12歲的我，覺得媽媽的付出讓我感到幸福，卻也同時聽了不太舒服。為何不舒服？覺得這份愛帶刺，也帶點逼迫。說是逼迫，那句「不要讓我後悔」也就只是一般母親都有的，對孩子的期許而已。

　　長大後才知道，媽媽用她的青春換來我的成長，當她看見自己蒼老的容顏，時間已被偷走二十年。她驚覺自己失去了青春，卻說算了，為了孩子，我必須犧牲。

　　我們愛一個人，經常是有條件的。無私的愛很短暫，因為生活有諸多逼迫，當自己為生活所苦，就無法從容去愛人，無法單純只在乎愛，不管其他。人有欲望，人會為生活辛苦，我們很難做到無私的愛。

當一位母親為家庭經濟所苦，她會期待孩子快點長大、賺錢分擔家計，孩子要成才，孩子獨立一點，別造成家中經濟負擔。即使當初生下孩子時，只希望孩子快樂長大，卻在孩子長大的過程中，有了除了愛以外的念想。

　　當一段愛情中，男友在事業上壓力非常大，他會期待回家時女友別再鬧情緒，因為男友自顧不暇，已經夠煩了。即使最初只管兩人相愛，不管其他，但在步入日常之後，人都會變得務實。

　　不能怪媽媽，也不該指責變得務實的另一半，只能怪日子太辛苦了。我們要帶著最初相愛的那份心意，一起面對日常裡的消磨，並時刻叮囑自己，在愛裡，勿將自己的期望，寄託他人身上；別再妄想透過犧牲奉獻，換得什麼；別算計自己對誰好過，付出過多少。在愛裡，每一分付出，都該在付出的當下就結束。這是非常公平的，當你付出時，在付出的當下，你感到快樂。僅此而已。

　　我們都得尊重對方的意願。

我的一位好朋友，他媽媽總是一邊扶養他長大，一邊埋怨自己生下孩子以後就沒有好日子過，感嘆自己犧牲太多，並時刻叮嚀孩子要去考好學校、考公務員或警察，讓媽媽輕鬆一點。小時候幫孩子報名補習班，為了繳交高額補習費，上班之餘兼做直銷賣淨水器，當孩子說不想補習，媽媽會生氣：「我錢都繳了，你要去。」後來這位媽媽買了房子，要求孩子22歲開始賺錢付房貸，房子歸孩子所有，卻從未問過孩子想不想要那間房子。

　　孩子出社會即背上房貸，朋友都羨慕他一出社會就有媽媽幫他繳了頭期款。但朋友不知道的是，他根本不想要房子，他活到28歲從未搭飛機出國旅遊，手機用了六年面板都滑不動了，談戀愛也不敢上餐廳吃飯。因為他要省錢，還清那筆從未成年時，就註定此生要背的債。承擔父母因愛而做的安排。

　　父母為孩子的付出與犧牲，如果伴隨對孩子的期待，或付出者心裡的不甘願，則每一分付出，每一丁點對孩子的好，都將造成孩子的負擔。孩子對父母的愛感到排斥，

並不是討厭父母。孩子或許語彙不夠，或不敢表達，其實，他們最希望的，不是父母呵護孩子，而是父母能多花一點時間照顧自己。

—

　　妳能不能像愛我一樣，愛妳自己？
　　能不能像為我付出一樣，對自己好一點呢？

—

　　我從小就抗拒母親對我的愛，因為她的愛太讓我想掉眼淚了。太多了，多到她自己承受不住，而我也扛不下這愛的重量。

　　掉眼淚的理由曾經我不清楚，直到長大以後，反覆釐清自己當年抗拒這份愛的理由，我才終於明白：當我感受到她對我的愛時，我同時也感受到她愛我比愛她自己還要多，且她的心正在不舒服。或許是因為她犧牲青春奉獻家庭而帶有遺憾？或許為了維繫家庭，她操持太多導致心緒

不佳？或許她沒有足夠時間找到自己此生有熱忱之事，因此把熱忱放在孩子身上？她即使不說，我也從她細微的行動裡，感受到她的期望；她需要被愛，她渴望在付出愛的時候，換得對方也愛著她。

太多的愛，將關係壓垮，長大後的某一天開始，我無意識地開始逃避媽媽為我的付出。當她付出，我逃避；她生氣，我冷處理；她傷心，我離去。她再找到其他方式繼續為我付出，而我再繼續逃避。在這個負面循環裡，兩個相愛之人，漸行漸遠。

待在金門白貓民宿寫書的日子，數了院子裡落下的第九十九次夕陽，書也寫到了最後章節。這天，我如常坐在弟弟親自搭建的小庭院樹下，夕陽慢慢落下。啊，媽媽又帶著一大鍋，喝七天都喝不完，象徵母愛的燉雞湯來了。這鍋雞湯，壓力山大。喝了，媽媽開心，但我的體脂肪會讓我不開心；不喝，媽媽會挫折或生氣，但我會自在一點。
　　但這一次，我沒有拒絕媽媽，也沒有勉強自己接受那

鍋愛之雞湯。我告訴媽媽：「弟弟最近很會下廚，媽媽妳以後別再煮了，妳無聊就來民宿吃飯，我們一起試試弟弟的手藝。」於是媽媽來作客，雖然菜色平凡，僅僅是減脂而吃的雞肉，用雞湯燉了一鍋粥，但我看見媽媽有比她那些年拚命付出時，還要開心的神態。希望她能理解，別再當一個不斷付出、不斷掏空自己的人。

記得某一次年夜飯，媽媽做了一桌好菜，卻不合小孩的胃口，剩下一大堆。孩子抱怨不好吃，拿著紅包錢，去買了自己愛吃的。飯菜冷了，媽媽被冷落了。媽媽哀怨，我這麼辛苦做菜，沒人感激我就算了，還沒有人吃！那我這麼辛苦做什麼！當媽媽抱怨時，孩子卻說：「又沒人逼妳煮那麼多！」媽媽上樓偷哭，再下樓怒吃剩菜剩飯，「你們不吃！我自己吃！誰稀罕你們吃！」

其實媽媽真的不用這麼辛苦，媽媽為什麼總是擔任付出的角色？為什麼晚飯是她來負責？為何不是每個孩子準備一道自己愛的料理？為何不是弟弟下廚做飯給大家吃？

媽媽似乎很習慣成為付出的角色，而我們要陪伴她，脫離那個世俗給她的框架——「不要再付出了，媽媽，對自己好一點，就是對孩子最體貼的付出。」而命運非常奇妙的，自從實踐了這個觀念以後，媽媽的日子似乎改變了許多。

　　以前執著於白天上班賺錢，下班趕回家準備三菜一湯，執著於成為一個他人眼裡的好媽媽，如今她終於學會放棄對自己的高要求。媽媽終於學會偷懶。

　　不知道哪一天開始的，聽媽媽說她已經好幾個月沒做家事了，家事都是爸爸在做。爸爸叨念她：「洗衣服洗了四十年，還洗不好？以後不要洗了。煮飯煮了四十年，還忘記加鹽巴，那妳不要煮了。地板拖了還那麼髒？妳乾脆不要拖好了。」

　　「我很努力了，但偏偏就做不好，不然你教我？」媽媽請教爸爸，爸爸也願意教媽媽，但媽媽裝笨，怎樣都學不會，於是爸爸決定自己來做。媽媽以前對於他人的批評，總是更努力去做到更好，但媽媽真的沒有天分，總是做不

好；但如今，關於這次爸爸的叨念，其實媽媽是故意的。

媽媽開始懂得讓他人為自己付出，她學會不那麼拚命，她懂得讓生活多一些喘息的時間，當她開始懂得愛自己，也就感受到了他人對自己的愛。當爸爸扛下所有家事，爸媽的感情竟然反而變好了。當媽媽覺得自己被愛，媽媽也就能夠從容去愛人，媽媽給予的愛，也令人舒服。

—

媽媽的人生，
從學會裝笨以後，真正開始幸福。

—

媽媽的手不再皺巴巴，不再被洗潔精侵蝕皮膚；她看見二十幾歲的女孩做指甲很漂亮，她開始做指甲。她從容地煩惱下午茶要去哪一攤赴約，媽媽拾回自己的人生，她也成為與爸爸互相珍惜的媽媽。

人常常在一個循環裡打轉，先為他人付出、期待他人的回報，我深愛他人，我要他人同樣愛我，把愛當作一種投資。當我珍惜你，你必須更珍惜我，若他人沒有如我所願，我便受傷了。

　　當你關心一個人，關心三次，他卻沒回頭關心你一次，你不必記恨於他，大可坦然離去。或留下，不帶抱怨，繼續付出關愛。若你真心在乎一個人，就別妄想透過自己的關愛，來換得他人的關愛，否則愛會變質，你將成為對方眼裡的惡魔。他不愛你，你也可以不愛他，世界上沒那麼多的誰欠誰。當你在付出的當下，得到的快樂，就是一種收穫了。

　　如果付出時不快樂，停止付出就好了。

—

都長大了，總得學會「做讓自己快樂的事」，
成為一個不給自己負擔的人。

—

　　打從心底喜歡自己的感覺是什麼？就是那種你終於學會與自己和平共處，你不再強迫自己做超出負荷的事情，你不再因為過高的期待而受壓迫，你心裡不再只有那個受傷的自己，你不再像刺蝟，認為別人意圖傷害你。

　　你會相信，當你善意看待世界，他人同樣也是善意的。即使偶爾不幸，遇上他人壓迫你，你也能理解，他們的惡意，都是他們的個人行為而已，無法改變你的善良，不會干預你的個性。你會與他和解，或選擇離開並劃清界線，而不是讓他的惡意留在你心裡。

　　世界再複雜，你的心裡也裝不下，只容納了一份單純的善良。

19

蟄伏在你溫暖的懷抱。

人與人之間的最美好
是即使互不認可，也能相互尊重。
即使無法理解彼此的相異處
也因為愛，而願意給予支持。

那份包容，就是一個溫暖的懷抱。

那天結束一場錄影，我搭上 Uber 往桃園參加朋友婚禮。我和結婚的朋友從小一起搭公車上學，是真摯的友誼，可我們也在長大的過程裡，因價值觀不同而漸行漸遠，走散了。

長大的過程裡，總會有一刻，
你發現你非常珍惜的人「也有不懂你的時候」。

　　像是爸爸要你選的未來你不喜歡，媽媽幫你決定的人生你厭煩。愛人做了傷害你的事，他卻不覺得自己有錯。或是，你最難過的時候，最好的朋友認為沒什麼。
　　也因為那「彼此都不被理解的時刻」，
　　幾次下來，再要好的兩人，也會默默不再那麼契合。
　　愛淡了，你想去找一個能理解自己的人。

　　車子開了一小時，行車間，想著初成年時，我們都渴望被理解，被別人感受、被重要的人認同。我們在關係中，特別在意自己的愛人、親人，是否能理解我們。

對著那位我們非常珍惜，卻經常產生價值觀衝突的另一半或家人說：「你不懂我、你不理解我。」說的當下，是一種不被理解的孤獨。

　　這根本是一邊當個大人，
　　心裡卻依然是個尚需被照顧的孩子。

　　我想起之前某次錄影時提到：「讓你愛的人快樂，比起被他們理解、被認同，要來得重要許多。因為你不知道，你們還可以相伴多久。」
　　「在相愛有期限的時間裡，去討論這些價值觀、你認不認同我、我能否被理解等等，太浪費了。」
　　其實在愛裡面，是否理解彼此，不一定是第一順位。
　　真正長大以後，我們發現相愛已難得，無人能真正理解另一個人，那些讓你舒服的關係，大多是對方懂得尊重，與盡量試圖同理罷了。
　　我們要珍惜那份心意，當對方願意尊重我，對方願意試著同理我，那就是愛裡非常難得且珍貴的心意了。

我們沒聊什麼觀眾愛看的轟動之愛，但聊了很多關於除了熱戀以外，家人的愛、至親的愛。

　　與受訪者初見時，是在一間豪華的商業飯店，氣氛是工作節奏的高壓與急促，我卻能感受到她擁有一份心靈的平靜。非常欽羨的是，她在複雜的環境裡，心緒能夠不被拉扯。

　　後來某天，當我拚命在愛裡拔河，卻終究累到自己以後，才突然理解內心的平靜是什麼意思：

　　相愛的前提，
　　是相互尊重、能夠平靜生活、接納雙方的不同。

—

一份真實的接納，是即使對方想成為的樣子你不認同，

你也願意讓他成為自己想成為的樣子，

或支持他去走一趟自己所選—— 辛苦的路。

—

某一天，我們一家人在機場哭了二十分鐘，直到回到家，也窩在家門口熄火的車上掉眼淚。因為今天是我們家年紀最小的妹妹，離開家的日子……她終於選擇長大，23歲的她決定離開家，到台北闖蕩。

這是寫給她的一封信：

小妹，當我寫下這封信時，我們哭著離開機場，在少了妳的車子上沉默；當妳看到這封信時，妳應該已經降落在台北了。

妳離開的決定，我們都非常支持，雖然幾百次叫妳別

走，但青春只有一次啊……台北有妳放不下的男友，有妳嚮往的都市生活，有妳此生尚未見識過的繁華。妳必須去碰碰撞撞。

妳離開以後，我一直在想，為什麼我們會哭，為什麼不能好好笑著說再見。在熄火的車上獨自沉澱了很久，我發現，掉眼淚有兩個原因。

因為幸福是無法複製的。

我們經歷幸福的當下，過了，就只能放進心裡了。無論未來你再回家，或是在其他地方過得好，即使我們相聚，並再次擁有幸福，也不可能是我們過去的幸福了。

幸福無法比較，但它確實不會如過去一般了。因為時間一直在走，我們曾擁有的，一旦過了，就不再擁有了。幸福無法複製，一切都只能惦記在心中。

我們心疼妳選擇了一條辛苦的路。

我們都知道在家裡活蹦亂跳是妳最快樂的樣子，妳可以做喜歡的甜點，妳可以把漂亮的臉蛋吃得肥肥胖胖，妳不化妝也沒關係，因為在我們眼裡，素顏的妳最漂亮。

妳不必去在意任何人的眼光，可以當最舒服的自己。可一旦到了台北，必然是一條比待在家還要辛苦的路。我們捨不得妳辛苦，也不願看見妳被世界欺負。

但我們矛盾的是，
我們在難過裡開心著。
只因為看見妳願意踏出離家這一步，
決定讓自己長大。
我們知道，人必須經歷傷痛，才會成長。

一定要失去過，也被拋棄過。
一定要追求自己想要的，也發現不一定能獲得。
一定會有找不到歸屬感的時候。
一定會有無數次想放棄的時候。

可能妳找不到那份像家一樣溫暖的感受，
可能妳迷失在辛苦工作的生活，
可能妳曾緊緊抓住的人鬆開妳的手，
可能無數寂寞的日子在夜晚讓妳嘗了又嘗。

但妳要記得，
不論經歷什麼，妳也一定會再重新站起來。
我們想告訴妳，
長大很辛苦，妳也可以不要長大。

如果哪天妳不想長大了，隨時可以回家，我們都在家
裡等妳，讓妳當一個快樂的小孩。若妳飛得累了，或被欺
負了，隨時回來。
妳這一生，是用來給人疼的，不是被欺負的。
妳不一定要去台北賺錢，
只願妳做讓自己快樂的事。
妳不一定要追隨哪個條件好的男人，
只願妳賴著一個待妳好的人。

只是……妳如此天真善良，

我們捨不得妳經歷辛苦，捨不得看見妳長大。

　　不管在台北，妳活成什麼模樣，都請不要擔心，放手去闖，即使窮到身無分文，被傷得體無完膚，都沒關係。只要妳還有 1,388 元，還能搭一趟立榮航空飛回家，我們會一直在家等妳。

　　我們此生，都會是最珍惜妳的哥哥姊姊們。

　　無論去哪裡，一定要照顧好自己。要記得，永遠記得自己的善良，別因為別人傷害妳，而改變了自己。日子若太苦，請緊緊抓住我們的手，隨時等妳回家。

　　♯ 這是一封寫給妹妹的情書，來自一位愛哭的哥哥。

20

愛，
只是一份平靜
而溫暖的陪伴。

有沒有一個人
是你確信此生會與他相伴到老。
你願意平淡的日子裡
回憶有他，此刻有他，未來也有他。
與他共處時
你不會因為太過深愛他人，而丟失自己。

你們深愛彼此，並各自完整。

在一個天空無雲，空氣清爽的午後，我與妹妹開車閒晃在回家的路上，我們朝夕陽前進，我們離生活好近，離夕陽也好近，好像只要一直向前開，就能走到夕陽那頭。「生活若是就這樣舒服地重複每一天，這樣過一輩子，也不錯吧？」我深深感受到擁有平靜，能與珍惜的人待在一起，就是最珍貴的。

想起在台北市信義區的那個家，在鬧區裡的一戶雙面落地窗小套房，在台北的家，我也能躺在床上看夕陽，吃著早餐看日出。很愜意吧？可當我想起在台北的生活，買不起房子、租了昂貴的小公寓、被工作折磨著、被迫與不願相處的人相處著，那些傷害他人與被人傷害，想起那些在各種壓迫中求生存，想要從容地前進，卻累得面目全非的日子，我突然喘不過氣來，用力呼吸，才又吸到一口氣。

嘆了一口氣，我隨口問了妹妹：「有幾百個工作可以做，為什麼偏偏是回家鄉開民宿？」她說：「只是想要在最低的成本裡，一家人也能住在一起。」

房價那麼貴，不可能買得起，如果只是租了公寓，空

間太小，人都需要自我空間的，我們家人那麼多，小公寓要怎麼生活？開民宿的話，一人一間房間，有庭院，有客廳，有每個人的私人空間，有大廚房，我可以烤甜點給大家吃，大家也能在民宿裡做自己喜歡的事。民宿有營運，有賺點錢，我們就能一起經營我們的家。

夕陽曬著，樹影斜，車子駛在鄉野間，而我眼睛濕濕的。離家十年，在找的不就是自己的家嗎？

我沒說話，妹妹繼續說：「在這個家，每天可以看見夕陽落下，呼吸空氣的乾或濕，感受四季變化，感覺自己活著。以前我在台北工作時，每天為了工作而起床，我經常焦躁，感覺自己被生活所逼迫，我不快樂，卻沒意識到自己不快樂。因為當時的我，不知道快樂是什麼。而在白貓民宿生活的日子，我每天是帶著平靜起床的。我想起床做甜點，我想起床幫大家買早餐，我想在早晨日出時，用做甜點的香氣，把賴床的大家都香醒，我想打開窗戶，呼吸陽光曬過的空氣。」

想在照顧好自己的前提下工作，從容而優雅地工作；

找到與生活的平衡，不再為遇見的壞事而氣急敗壞。

突然想起電影《靈魂急轉彎》說的一段故事：「有一隻小魚在年輕時聽聞過，傳說中，大海能讓魚感到快樂，花了好幾年，牠拚命游，想游到牠對快樂嚮往的所在。大海是牠崇偉之夢想。

小魚追了好久，卻始終沒有追到那片令人快樂的大海。某一天牠心力交瘁，心中只有空虛。牠遇到一隻老魚，牠問老魚，大海在哪裡？老魚說這裡就是大海。小魚說不是！這裡不是大海，這只是水而已，不然為什麼我不快樂？老魚強調，你從以前，就一直都活在大海裡。」

—

快樂是自己對日常渺小事物的細微感受，
而不是追到了什麼偉大的成就。
當我過日子從容不迫，我才感覺人生自由。

—

　　我說：「飛出去漂泊，看起來自由，我卻從沒感覺過自由。反而一家人宅在白貓民宿裡，我才感覺到自由。可是我的事業與愛情都發生在台北，我終究還是得回到都市裡。我也必須接受，自己就是個需要賺錢的人，喜歡工作的人，嚮往都市生活的人。有時候好掙扎，哪裡才是我該去的地方？」

　　妹妹說：「你是自由的，你有選擇權決定自己想飛去哪裡。若台北讓你快樂，你就住在那裡；若在台南談了戀愛，就去那待一陣子。

　　「你和我不同，我在台北領三萬元薪水還失去生活品質，即使做喜歡的工作，卻喪失喜歡的生活，那我不願意

承受。也因為我不像你曾經願意去承受那些苦，所以我回金門，這裡有我嚮往的生活，在這裡，我才找到我自己。

「哥哥你花了十年換來自己的事業成就和選擇權，你可以根據自己的快樂，去選擇你想待的地方。如果哪天，你飛得累了，你都可以回家，我們都在白貓民宿等你回來。」

我才感覺到，有一種愛，是真心希望對方快樂而已。

快樂從來不在遠方，快樂只在我們付出、分享，珍惜身邊人事物的每一個當下。我們要追求的不是別人的眼光，只是喜歡自己的生活而已。

拚命追逐的，不會擁有幸福，幸福只是當你能夠感覺生活裡的渺小日常。或許是與家人的一頓晚餐，或許是起床時窗外曬進來的陽光，或許是午後的院子有落葉掉了下來，或許是一年過去了貓咪都健在。幸福不靠追求而來，幸福靠感受而來，透過生活而來，它只是日常裡一點一點實踐的微小之快樂。

—

我們追逐夢想，卻要繞了路才知道，
喜歡你的生活，才是你的夢想。

—

　　那位在白貓民宿待了一年的女孩大學畢業了，她即將
離開。她猶豫，因為男朋友在台北，但她喜歡民宿的生活，
於是難過地哭了：「我不想回台北，上次回台北，跟家人
吵架，我竟然哭著說要回金門找姊姊。」我們圍著她，告
訴她要用力去嘗試人生的各種可能，如果妳在其他地方過
得快樂，我們會替妳開心，但若妳累了，隨時可以回來喔！

　　我們珍惜這段短暫的家人時光，
　　互相在意彼此肚子餓不餓、今天快不快樂。

　　今天是拍白貓民宿全家福的日子。民宿全家福裡的
人，其實每年都不相同，每年都有迷惘的人停駐在這裡，

有漂累的人停靠在此地，有人失業，有人失戀，有人找不到人生方向，有人厭倦了都市生活，有人迷失在追求的夢想中。而不論是誰的人生，想喘口氣，想逃離什麼，都能停留在白貓民宿，給自己的人生一次喘息的空間，一次重新開始的機會。白貓民宿，是我們人生的重置鍵，不論過往有再多悲傷，都能在這裡重新開始。

她在離開前說：「我發現我這輩子雖然才 23 歲，在白貓民宿的一年，卻是我此生最快樂的日子。這裡讓我懂了快樂是什麼、家是什麼。」妹妹也說：「我懂，因為經營白貓民宿的這兩年，也是我二十七年人生裡，最快樂的時光。」

——

所以家在哪裡？
當你最脆弱時，最想去的地方，那裡就是家。

——

於是我租了白貓民宿一個最角落的房間，我知道這裡有家的感覺，我能擁有內心的寧靜，我可以整理好自己，再去見識世界的精采。每個月一半時間在金門，一半時間飛台北。我想念誰，就飛去誰身邊，哪裡讓我快樂，就待在哪裡，再也不想遷就誰，只要一個舒服的自己。

　　我將在一個人的好日子裡，等待你。
　　想與你天長地久，
　　與你們天長地久，
　　與自己天長地久。
　　在我們的好日子裡，天長地久。

　　接下來的日子，和木工師傅一起裝潢新家，也訂製了一張書桌，種了自己愛的植物，把床移到窗邊，漆上喜歡的油漆顏色，我有了自己的小窩。也按下心裡的重置鍵，整理好自己，寫下這本書，重新踏上自己嚮往的人生道路。

我想告訴自己，

一輩子很短，

短到你不想再消耗任何一點，在委屈你的人事物上。

一輩子也很長，

長到即使跌倒了再站起來，也總是來得及。

　　願我們珍惜每一段當下，願我們浪費美好時光，聽著
夏天的風慢慢吹過，冬日的暖陽曬上床頭，春光裡的清香
呼吸每一口，秋風裡的飛鳥和蟬靜靜劃過天空。

　　愛，只是一份平靜而溫暖的陪伴而已。

2021.03 在白貓民宿生活的夥伴們

未來的日子，
我，想對你好一輩子。

最近的我很像一隻蟄伏在文字裡的小生命，沒有接觸外
界，不太使用社群，上線就是把在離線時寫的東西丟出來。
然後離開。

窩在金門白貓民宿擁抱人與人之間真實關係親密的日子，
我發現蜷縮在溫暖的土壤裡，屏蔽複雜的人群，讓我吸收
了許多養分。我的生理與身體慢慢建構了蛻變後的模樣，
我也在養分充足的日子裡，漸漸羽化。

我寫了一本完整的書，來總結待在台北十年的日子。先是
失去歸屬感的拚命追求，再是犧牲全部也要換得的欲求；
後來的我，什麼都擁有了，卻早已失去那個最初的自己。

我得到的，都是能放棄的。
真正求的，卻不可得。
而迷失在一座賦予我夢想的城市裡，直到我終於願意沉澱

自己，蜷曲在一片溫暖褐色的土壤裡，花上好多力氣，才想起當年面對初戀的真摯，面對愛的憧憬，對愛人的珍惜，面對陌生人群的善意。而這些，都是長大後的我所遺忘的，不小心遺忘了愛的本能。也因為丟失了某部分的自己，於是我不再完整，就不快樂。

花上半年的時間，把過去十年裡的悲傷、哀痛、勒索、惡意，與放不下的執念，全梳理了一次。再花上半年的時間，沉溺於善意與溫暖之中。讓人與人之間真誠的愛之溫暖，超渡我心中被埋下的惡之種子。

這是我面對 30 歲的方法。
而我也在此刻，真正喜歡了我自己。
願自己，擁有那份 30 歲的成熟懂事，
也依然保有 15 歲時面對初戀的單純。

最後想對自己說：
「嘿！黃山料，未來的日子，我，想對你好一輩子。」

國家圖書館出版品預行編目資料

好好生活,慢慢相遇：30歲,想把溫柔留
給自己 / 黃山料作 . -- 初版 . -- 臺北市：三
采文化股份有限公司, 2021.05
　　面；　公分 . -- (Mind map ; 226)
ISBN 978-957-658-530-2(平裝)

1. 自我實現 2. 生活指導

177.2　　　　　　　　110004540

suncolor
三采文化集團

MindMap 226

好好生活，慢慢相遇：
30 歲，想把溫柔留給自己

作者｜黃山料

副總編輯｜王曉雯　　主編｜黃迺淳　　封面題字｜黃山料
美術主編｜藍秀婷　　封面設計｜高郁雯　　封面攝影｜陳彥霖
內頁設計｜高郁雯　　內頁編排｜Claire Wei　　校對｜黃薇霓
專案經理｜張育珊　　行銷企劃｜呂秝萱
特別感謝｜金門白貓民宿（金門縣金寧鄉環島西路二段 901 巷 3 弄 13 號）

發行人｜張輝明　　總編輯｜曾雅青　　發行所｜三采文化股份有限公司
地址｜ 台北市內湖區瑞光路 513 巷 33 號 8 樓
傳訊｜ TEL:8797-1234　FAX:8797-1688　　網址｜ www.suncolor.com.tw
郵政劃撥｜帳號:14319060　戶名：三采文化股份有限公司
初版發行｜ 2021 年 5 月 28 日　定價｜ NT$380
　　19 刷｜ 2023 年 3 月 25 日